公共調達の組織論

正統性とアカウンタビリティの罠

Organizational Dynamics in Public Procurement

NAKANISHI Yoshinobu
中西善信
[著]

千倉書房

はじめに

職場における受動喫煙対策がまだ十分でなかった2000年代半ばのことである。この職場では資料室が喫煙場所と指定されていた。しかし十分な換気装置が備わっていたわけではなく，たばこの煙が日常的に漏れ出していた。耐えきれなくなったある職員が空気清浄機設置等の対策を管理者に願い出たところ，その願いはむなしく却下された。管理者曰く，「現状で君が肺がんになったとしても，組織としての管理責任は問われない。しかし，ひとたび空気清浄機を設置してしまうと，組織として受動喫煙のリスクを認識していたことになる。つまり，君が肺がんになった場合，組織としてリスクを存置した責任を問われてしまう」と。つまりこの管理者にとっての関心事は，職員の健康リスクではなく，何かあった場合に組織や自分自身の責任を追及されることなのであった。

上記は実話である。本書の主題である正統性とアカウンタビリティ（説明責任[1]）の文脈でいえば，この管理者は，組織の正統性のため，すなわち「真っ当な組織だ」と外部から見なされるために，職員の健康そのものよりも，職員の健康に対する措置の「適切さ」[2]に対するアカウンタビリティを重視したということになる。偏ったアカウンタビリティの弊害といえようか。当時筆者も若かったので「そんなバカな」と思ったのであるが，その後，さまざまな場面で同様のロジックに直面することになった。

「舌を噛む」とは，説明に矛盾が生じてしまうことを示す役人用語であるが，このような用語が多用されるほど，行政職員にとって手続きの適切性や施策の成果について説明すること，すなわちアカウンタビリティを果たすことは重要な関心事である。また，アカウンタビリティを果たせるような施策をあらかじめ選択しておくことは，行政機関にとって極めて重要な行動原理となっている。しかし，アカウンタビリティを果たすこと，そしてアカウンタビリティを通じて組織が真っ当だと認識されること，すなわち組織が正統性を獲得しようとすることが，かえって新たな問題につながることがある。さらに厄介なのは，そのような落とし穴に気付かず落ちるのではなく，その存在を十分認識していながら立ち止まることができないという点にある。

ところで，民間企業であれ公的機関であれ，組織は，より効果的かつ効率的な目的達成のために「改善」や「改革」に取り組む。企業は品質向上やコスト削減に取り組む。行政機関は限られた予算で行政ニーズを満たそうと努める。現代における私たちの社会生活は，先人のたゆまぬ改善・改革努力の賜物である。

しかし，「改善」や「改革」の掛け声に一歩引いてしまう読者も少なくないのではないか。業務上の「改善」や「改革」によって仕事がしづらくなってしまうこともある。それどころか，「改善」の結果，業務が煩雑になり，新たなミスや，最悪の場合には事故につながることもある。

このような問題の背景には，「改善」や「改革」が，自らの意思ではなく外圧への適応や忖度のために進められているという事情があると思われる。すなわち組織は，外部に対するアカウンタビリティを果たすため，あるいは外部から見た正統性を獲得するため，自らをさらなる深みに落としてしまうことがある。そのような「落とし穴」の正体を明らかにし，そこに落ちるプロセス・メカニズムを探るのが本書のねらいである。

本書の研究の着想に至った経緯と問題意識

筆者は長年，実務家として技術職と事務職の接点のような仕事に従事してきた。本書は，実務家時代の問題意識を学術研究へと昇華したものである。その問題意識は，「組織はなぜ，さらなる問題の落とし穴に陥ると分かっていながら外部からの圧力に従ってしまうのか」というものである。この問いを，公共調達すなわち行政機関を含む公的機関による物品・サービス等の調達を題材に検討する。上記問題意識を公共調達の文脈に即して言い換えれば，「行政機関はなぜ，外部の求めに従い，問題発生につながるような，現場が望まない公共調達制度『改革』を実行しようとするのか。その結果，実際にさまざまな問題が生じ，かつ問題の存在が認識されているのにもかかわらず，なぜそのような『改革』をやめようとしないのか」ということになる。

筆者自身，本書で検討するような問題にたびたび直面してきた。理不尽を感じることも少なくなかった。公共調達の分野において，「改革」の方針に従い発注官庁が「公正性」（公平性と透明性）を重視するような調達方式を採用した結果，調達した成果物が要求水準を満たさないというケースもしばしば見かけた。また，ライバルが真似できない「オンリーワン」を目指して切磋琢磨し，真っ当なビジネスを展開してきたにもかかわらず，「オンリーワン」であることを「公正でない」と断じられ，泣く泣く事業継続を断念する者もいた。なぜこんなことになってしまうのだろう。このような「改革」にどのような意味があるというのだろう。

本書はこの疑問に学術的に取り組む。その際，複数の視座から問題にアプローチしている。すなわち，行政学における公共調達研究(3)（第２章）およびアカウンタビリティ研究（第３章），ならびに経営組織論における正統性研究（第４章）およびスティグマ（烙印）研究（第５章）の各視座である。結論を先取りすれば，「現場の望まない『改革』圧力に組織が黙従するのは，アカウンタビリティを果たすためである(4)。すなわち，アカウンタビリティを果たすことを通じた正統性獲得とスティグマ緩和のためである」ということになる。本書は，組織がこういった行動に至る内部メカニズムをさらに探求し，あるいはマクロ的視点で統計的に検証する。

本書の想定する読者

本書は第１に，行政機関等の公的機関のアカウンタビリティや，組織による正統性，スティグマ，そして公共調達等に関心を持つ研究者や大学院生，学生を読者として想定している。また第２に想定する読者は，官庁や民間企業等にて組織運営に取り組まれている実務家の方々である。これらの方々には，理論よりもまず，第３章および第４章の面接調査で明らかになった各組織の実情を感じていただくのが内容理解への近道かもしれない。

なお，本書の主たるリサーチサイトは行政機関，特に公共調達であるが，本書が観察した事象や得られた結論は，民間企業等，他の組織にも当てはまるものである。正統性のために外部の求めに応じた「改善」の結果，業務がかえって煩雑になり新たな問題を誘発するという現象は，民間企業においても広く見られる[(5)]。筆者自身，会社員時代にこのような状況にたびたび直面してきたし，読者諸氏も類似経験をお持ちだろう。また，顧客や株主に対してアカウンタビリティを果たそうとする姿勢がかえって革新的イノベーションを妨げているとも考えられる（Christensen, 1997）。さらに，本書が観察した公共調達の現場で生じている現象は，他社に先駆けリスクを取り「オンリーワン」を目指そうとする健全な企業努力を否定しかねないものでもある。このような状況が生じていることを，企業経営者にも知っていただきたい。

広く今後の組織研究・組織運営への含意を汲み取っていただければ幸いである。

2022年4月

中西善信

(1) ここではひとまずアカウンタビリティに「説明責任」の訳を付した。しかし，日本版「説明責任」と本来のアカウンタビリティ概念の乖離についてはさまざまな議論がある（興津，2014；山谷，2006；山本，2013；湯浅，2014）。ただし，本書ではこの問題に深くは立ち入らない。このため基本的に「アカウンタビリティ」の表現を用いている。詳しくは第3章の脚注2参照。

(2) もちろん筆者はこの管理者の行為を適切だと思わない。カッコ付きの「適切さ」としたのはそのためである。

(3) 公共調達は，法学（独占禁止法），経済学（オークション理論）等，多くの研究領域においてさまざまな観点から検討されている。例えば，*Journal of Public Procurement* の編集委員を務める研究者のバックグラウンドも幅広い。一方，本書は主に，公共調達に関連した政策や行政機関の行動に焦点を当てている。このため，便宜的ではあるが，公共調達を行政学の一領域として位置付けている。

(4) より正確にいえば，明らかになったメカニズムは，「アカウンタビリティを果たすため」というよりもむしろ，「アカウンタビリティを厳しく追及される状況を回避するため」というものである。組織は，「『改革』圧力に抵抗して自ら正しいと信じる施策を選択するうえで，その施策選択の妥当性等について詳細に説明し承諾を得なければならない。しかしその説明は時として極めて困難となり，この手間を省略できるよう「改革」圧力に従うのである。ただし，表現の煩雑化を避けるため，適宜「アカウンタビリティを果たすため」の表現を用いる。

(5) 例えば，佐藤（2010）参照。その他，企業によるISO9000シリーズ品質マネジメントシステム認証取得も，その費用対効果に関する評価は分かれており，その普及は，技術上の目的よりも，外部から見た正統性獲得の意味合いが強いとされる（Guler, Guillén, & Macpherson, 2002）。筆者自身，会社員時代，同認証維持のための膨大なチェックリストを前にため息をついた経験を持っている。

公共調達の組織論
—正統性とアカウンタビリティの罠—

目次

目次

第 1 章

Introduction

イントロダクション

1　本書のねらい

本書の問題意識は，「組織はなぜ，さらなる問題の落とし穴に陥ると分かっていながら外部からの圧力に従ってしまうのか」というものである。新制度派組織論[(1)]の基本的な考え方によれば，それは，組織が活動に必要なリソースを獲得すべく外部から正統と認められようとした結果である（Meyer & Rowan, 1977）。別の視点から見れば，アカウンタビリティを果たそうとした結果ともいえる（Bovens, Schillemans, & Hart, 2008；Chan & Karim, 2012；Radin, 2011）。外部から評価されようとした組織が罠にはまるメカニズムに関しては，組織論（正統性研究，スティグマ研究），そして行政学（アカウンタビリティ研究）の各分野において，それぞれ研究が進められてきた。とはいえ後述のとおり，行政機関に対するアカウンタビリティ圧力の実態や，これを受けた際の組織内部メカニズムについては，検討の余地が残されている。例えば，逆機能の存在にもかかわらず，組織はなぜアカウンタビリティを果たそうとするのだろうか。法で定められているからだろうか。現場職員や各部門はどう考え，どのように行動しているのだろうか。

また，この問題を学際的・統合的に俯瞰した研究は見当たらない。しかし以下のとおり，ここでは学際的研究が有効である。

第１に，組織による正統性獲得行動に対し，外部からのアカウンタビリティ追及圧力は強い影響を及ぼす。正統性とアカウンタビリティの関係もしばしば言及される（例えば，Ashforth & Gibbs, 1990；Elsbach, 1994）。しかし，正統性獲得に関連した組織内部メカニズムにアカウンタビリティが及ぼす影響を深く検討した研究は見当たらない。本書はこの点に注目する。

第２に，アカウンタビリティ研究において，行政機関の行動を正統性の視点から検討することは意義深い。後述するように，日本においてアカウンタビリティは法的義務ではなく（山本，2013），むしろ文化的現象（Dubnick, 2014）といえる。このため行政機関がアカウンタビリティを果たそうとする際，法制度以上に，外部者認知に基づく正統性の獲得が重要な行動原理となっていると考えられる。

加えて，公共調達研究において，発注者行動原理の理解が重要だと考えられる。発注に関する最終意思決定を行うのは行政機関等の発注者であり，その意思決定は調達成果を大きく左右する。しかしこれまで，公共調達研究は応札者行動やこれを規定する制度に関する経済学的・法学的検討が中心であり，発注者組織内部の認知・行為メカニズムを分析した研究は見当たらない。本書は，公共調達に対しても先行研究とは異なる角度からアプローチする。その際，発注者の行動原理として，アカウンタビリティおよび正統性に着目する。

このように本書は，行政機関の問題発生メカニズムを，多面的かつ学際的に検討することを目指す。

各章では，上記問題意識・研究課題をそれぞれ，行政学（公共調達研究，アカウンタビリティ研究）および組織論（正統性研究，スティグマ研究）における理論上の問いとして検討する。各章の研究テーマおよびこれら相互間の関係は図 1.1 のとおりである。

図 1.1　各章のテーマ（鍵概念）と相互関係

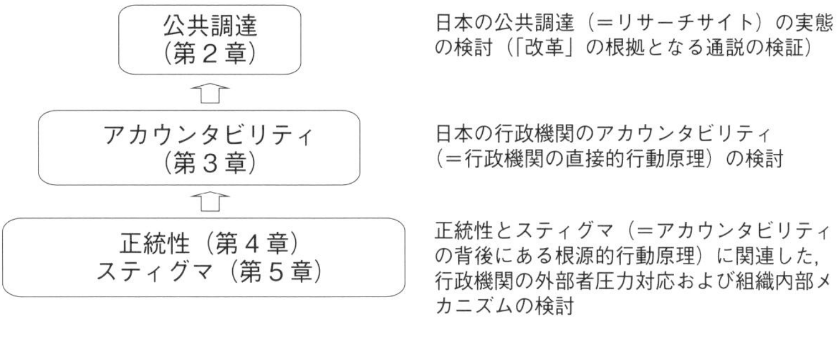

本章では以下，研究の鍵概念について説明し（第 2 節），そのうえで，具体的な問い（リサーチクエスチョン）を提示する（第 3 節）。また，第 4 節にて，研究のリサーチサイトとして公共調達を選定した理由について述べ[(2)]，最後に第 5 節にて本書の構成を示す。

2 鍵概念

本書は，組織に関する上述の問いを，経営学，とりわけ新制度派組織論の視座から考察し，必要に応じ行政学（アカウンタビリティ研究）の視座を取り込んでいる。本節では，実践上の問題意識を理論上の問いへと変換するためのツールともいえる鍵概念について概説する。

2.1 アカウンタビリティ

アカウンタビリティ（accountability）とは，組織が外部者に対して自らの行為の妥当性等について説明し，これを正当化し，外部者の理解を得る責務をいう。ただし，第３章で議論するように，外部者の理解・承諾を得るところまで含めるか等，その範囲については議論がある。Bovens（2007）は，アカウンタビリティを，「行為者とフォーラム（裁き）の間の関係であって，行為者が自身の行為を説明し正当化する義務を有し，フォーラムが尋問・審判し，行為者が結果に直面しうるようなもの」（p.450，筆者訳出）と定義している。

アカウンタビリティは，特に行政機関において重視される。行政活動の原資は主に徴税という非自発的資源調達によるため，民間部門における自発的投資とは異なる統制の仕組みが必要である（山本，2013）。民間営利企業の場合，そのステークホルダーは，当該企業の行為に承服できない場合，当該企業との取引から退出することができる。消費者は当該企業製品の購入を止めることができるし，株主は保有株式を売却することができる。しかし納税者は，行政に不満があるからといって納税を拒否することはできない。

ここで，野党やメディアによるアカウンタビリティ追及は，行政機関統制の仕組みとして機能する（Willems & Van Dooren, 2011）。行政機関がある政策を円滑に立案・実行しようとするならば，なぜその政策が必要なのか，他の案ではだめなのか等について説明し，納税者等の問責者（accountee：被説明者）の理解を得なければならない。また政策完了後，当該政策が期待していたような成果を上げることができたか等について評価し，公表しなければならない。そして説明に対して十分に理解を得られないならば，行政はさまざまな公式・非公式の制裁（sanctions）を受けることになる（Bovens, 2006）。

本書は，行政機関の行為を規定する「直接的行動原理」として，アカウンタビリティに着目する（Romzek, 2014）。面接調査において行政機関職員は，「これでは説明できない（アカウンタビリティを果たせない）」というような表現をしばしば用いている。「説明できない」すなわち「アカウンタビリティを果たせない」ような施策は実行しないという姿勢を，無意識のうちに実践しているのである。ただし，日本におけるアカウンタビリティは具体的に法制度化されたものではない（山本，2013）。むしろ漠然とした「文化的現象」（Dubnick, 2014）としての側面が強いと考えられる。また，日本においてアカウンタビリティは「説明責任」と訳されることが多いが，この点についてはさまざまな議論がある。詳しくは第3章を参照されたい。

2.2　正統性

正統性（legitimacy）とは，一言でいえば，その対象が「真っ当だと受け入れられること」である。Zimmerman & Zeitz（2002）は，正統性を，「受容，適切さ，または／および，望ましさに関する社会的判断」と定義している（p.416，筆者訳出）[(3)]。組織の正統性の場合，この判断は，当該組織の外部者，例えば，直接のステークホルダーの他，司法，メディア，一般市民等が行う。

新しい組織構造や業務実践は，正統性を獲得することによって広く普及する。例えば事業部制組織という（当時）新しい組織構造は，ビジネスマン，専門職，研究職による議論・対話を通じて正統化されたことにより，普及した（Phillips, Lawrence, & Hardy, 2004）。Tolbert & Zucker（1983）によれば，地方自治体の行政改革（civil service reform）も，当初は問題解決を目的として採用されたが，後になるほど正統性獲得が主目的となっていったという。

アカウンタビリティあるいは説明責任と異なり，行政機関職員が「正統性」の語を口にすることはほぼない。しかし，行政機関がアカウンタビリティを果たそうとする意図を突き詰めると，正統性獲得という視点に至る。アカウンタビリティを果たすことは外部者による評価を高め，正統性獲得につながる（Ashforth & Gibbs, 1990；Elsbach, 1994；粕谷・高橋，2015）。ゆえに，行政機関は正統性獲得のためにアカウンタビリティを果たそうとする（Bovens, 2006；興津，2014；Romzek & Dubnick, 1987）。アカウンタビリティが行政機関職員によって日常的に意識される直接的行動原理であるのに対し，正統性は，その深層にある無意識の「根源的行動原理」だといえる(4)。

行政機関にとって正統性獲得は，民間企業の場合と同等，あるいはそれ以上に重要である。「真っ当」すなわち正統と認識されることで，行政機関や各部門は，予算等，必要なリソースを得ることができる。その中で，アカウンタビリティは正統性獲得の有効な手段である。

なお，日本語文献において legitimacy の訳として正統性ではなく「正当性」の字を当てることも多い（例えば，佐藤，2010）。「正当性」の表記も一理あるが，legitimacy の射程は「正当性」のニュアンスの範囲を超えると筆者は考える。正当性に相当する英単語は justifiability だと思われるが，組織が justify されることなく legitimacy を獲得することもある。例えば，legitimacy の柱（pillar）の 1 つに cultural-cognitive legitimacy（文化認知的正統性）がある（Scott, 1995, 2014）。これは，自明視（taken for granted）され，かつその認識が共有されているがゆえに正統と見なされるというものである。新しい組織構造やプラクティスは，それが有効か否かにかかわらず，多くの組織が採用することによって自明なものと見なされると，正統性を獲得する。その際，judtify できるか否かは必ずしも問われない。Meyer & Rowan（1977）は，公式官僚制組織が普及したのはそれが「合理化された神話（rationalized myth）」と見なされるようになったためだと主張するが，この「合理化された神話」が象徴するものは，正当性ではなく正統性であろう。

2.3　スティグマ

組織のスティグマ（organizational stigma）とは，その名のとおり，「組織が押される烙印」である。例えば，軍需企業や不祥事を起こした企業はスティグマを押される。Devers, Dewett, Mishina, & Belsito（2009）は，これを「集合的ステークホルダーに対して，ある組織が，その組織を没個性的化しその信用を傷つけるような，根本的かつ根深い欠点を持つという集団固有的な知覚を喚起するようなラベル」と定義している（p.157，筆者訳出）。

本書の理論面での中心的鍵概念は前述の正統性である。一方，公共調達の文脈において，行政機関の関心事は，正統性の獲得あるいは向上というよりもむしろ，さまざまな批判の中で定着してしまった「非正統性（illegitimacy）」[5]への対処（緩和・軽減）である。つまり，本書が検討する「正統性獲得行動」は「非正統性緩和行動」ということもできる。この非正統性に関しては，この語を直接標榜する研究に加え，「スティグマ研究」を参照することが有用である。当該研究領域においてスティグマ対処行動は重要なテーマとして知見が蓄積されているからである。

組織スティグマは，さらに2種類に大別される（Hudson, 2008）。第1は，組織の基本的属性（事業内容等）に対するものであり，コア・スティグマ（core stigma：根本性烙印）と呼ばれる。例えば，パチンコ業界は，たとえ合法的営業を行っていても，コア・スティグマから完全に逃れることは困難である。一方，不祥事や事故等，異常な事案の結果生じるものは，イベント・スティグマ（event stigma：事案性烙印）と呼ばれる。本書のリサーチサイトである公共調達の文脈でいえば，談合に関わった企業や自治体はイベント・スティグマを押されることになる。すなわち，本書の関心はイベント・スティグマということになる。

3　本書の問い（RQ）

第1節で示した問題意識を，上記鍵概念を用いて理論的な問いに昇華させたものが以下のリサーチクエスチョン（RQ）である。なお，各RQは個別の研究分野の課題（リサーチ・ギャップ）に対応するものでもあるが，その詳細については各章を参照されたい。

第2章（行政学：公共調達研究）のRQ：
「少数者応札が高落札率(6)につながり，入札の経済性阻害の原因となっている」，「1者応札(7)は競争性欠如の結果である」という通説は正しいのか。

第2章は，本書の理論的考察のリサーチサイトである日本の公共調達に関する実態を確認検討するものである。上記通説はさまざまな「改革」の前提となるものであり，これが正確でない場合，一連の「改革」も無意味なものとなる。結論を簡単に述べれば，「確かに応札者数が少ないほど落札率は高い。しかし，事態はそう単純ではなく，考慮すべきさまざまな要因が応札者数に影響しており，1者応札が単に競争性欠如の結果だとはいえない」というものであった。

第3章（行政学：アカウンタビリティ研究）のRQ：
日本の公共セクターにおいて，問責者は何についてアカウンタビリティを追及し，答責者はどのように応えようとしているか。

第2章では，日本の公共調達におけるさまざまな「改革」が，正確とは言い難い通説を前提として進められていることを明らかにした。ではなぜ，そのような形で「改革」が実行されるのか。簡潔にいえば，それは「アカウンタビリティを果たすため」，あるいは「アカウンタビリティ追及を回避するため」である。アカウンタビリティに関しては，その機能の一方で，さまざまな課題についても研究知見が蓄積されている。第3章では，日本の公共セクターにおけるアカウンタビリティの課題とその背景について検討する。その際，問責者（アカウンタビリティを追及する外部者：accountee）による追及と，これに対する答責者（アカウンタビリティを追及される者：accounter）たる行政機関の反応に注目する。明らかになったのは，日本においては結果を出すこと以上に正しい手続きを踏むことが重視されている実態，そして，行政機関に対してアカウンタビリティを果たすよう求める問責者が強いという実態である。

第4章（組織論：正統性研究）のRQ：
組織は，不祥事発生等に際して損なった正統性を取り戻すために外部の要請に適応し，それがかえって別の問題を生じさせることがある。そのような問題発生の組織内部メカニズムはどのようなものか。

本書は，行政機関がアカウンタビリティを果たそうとするのは，その正統性を確保するためと捉える。そこで第4章は，行政機関による正統性獲得行動に焦点を当てる。すなわち，組織による正統性獲得行動の「意図せざる結果」(Merton, 1936）が生じる組織内部メカニズムを探求する。正統性獲得行動は新たな問題を生じさせることもある。しかしなぜ組織は，そのような問題の可能性を認識しながら立ち止まることができないのか。結論を先取りすれば，そこには組織内部における情報非対称性や，正統性獲得という点で立場が弱い現場部門の沈黙がある。外部に対するアカウンタビリティを重視する管理部門の前に現場が屈し，「アカウンタビリティを果たしやすい施策」を選択してしまうのである。

第5章（組織論：スティグマ研究）のRQ：
他組織の不祥事に起因するスティグマとこれに伴う外部者圧力に対して，組織はいかに対処しようとするのか。

第4章は正統性獲得行動の組織内部メカニズムに焦点を当てた事例研究であった。これに対し第5章は，多数の組織（地方自治体）による正統性獲得行動を，定量分析を通じてマクロ的な視点で検討するものである。ここでは，不祥事によって生じるスティグマを鍵概念としている。また，自らの不祥事に加え，他組織の不祥事に起因する「転移したスティグマ」に注目する。結論の概要を述べれば，各組織（同章の研究では都道府県）は，他組織の不祥事（談合事案）に起因したスティグマに敏感に反応し，同型的に(DiMaggio & Powell, 1983)，「右に倣え」式の対処行動を取っているのである。

このように本書は，行政機関の行動メカニズムを，複数の視座から検討する。各章のRQと依拠する理論の対応を表1.1に示す。

表1.1　本書のリサーチクエスチョンおよび依拠する理論

リサーチクエスチョン	理論	該当章
「少数者応札が高落札率につながり，入札の経済性阻害の原因となっている」，「1者応札は競争性欠如の結果である」という通説は正しいのか。	行政学（公共調達研究）	第2章
日本の公共セクターにおいて，問責者は何についてアカウンタビリティを追及し，答責者はどのように応えようとしているか。	行政学（アカウンタビリティ研究）	第3章
組織は，不祥事発生等に際して損なった正統性を取り戻すために外部の要請に適応し，それがかえって別の問題を生じさせることがある。そのような問題発生の組織内部メカニズムはどのようなものか。	組織論（正統性研究）	第4章
他組織の不祥事に起因するスティグマとこれに伴う外部者圧力に対して，組織はいかに対処しようとするのか。	組織論（スティグマ研究）	第5章

4　リサーチサイトの選定理由

本書第2章，第4章および第5章の各実証研究は，公共調達すなわち公的機関による物品・サービス等の調達をリサーチサイトとしている。また，アカウンタビリティに関して広く調査した第3章においても，公共調達に関連したデータが多く含まれている。ではなぜ公共調達なのか。公共調達をアカウンタビリティや正統性獲得行動の検討に適したリサーチサイトとして取り上げた理由は以下のとおりである。

第1に，公共調達は，多種多様かつ利害の異なるステークホルダーを含んでおり，組織とステークホルダーの間の相互作用や組織内部ダイナミクスの観察に適している。すなわち，発注官庁（現場担当者，財務会計部門），監督機関（会計検査院，公正取引委員会等），応札者（民間企業，所管公益法人等），外部委員会といったステークホルダーが公共調達に関わっている。さらに，財務会計部門も，政府全体（財務省），省（大臣官房会計課等），局（総務課等）の各レベルに設置され，多層的である。

第2に，時には政治家をも巻き込む談合事件や，新国立競技場，新東京中央卸売市場（豊洲市場）建設といった大型建設案件，特許庁による情報システム調達問題等に関連して，一般市民の注目を集めやすい。この注目度の高さは当事者組織に対する圧力へとつながる。このため，外部者圧力と対応行動の関係の観察に適している。

第3に，上記2点目と関連するが，入札結果公開資料，新聞記事，委員会資料，報告書，プレスリリース等，質的・量的2次データの入手にも適している。特に，国，地方自治体等の各発注官庁が発注案件毎に公開している競争入札経過調書は，その中に発注金額，落札者名称等の詳細を含んでおり，貴重な資料である。

また，公共調達は，GDP中，先進国において10～15%，途上国では20%を占めるなど，国の経済の重要な一部分となっており（Padhi & Mohapatra, 2011），その検討は社会的にも重要である。

5　本書の構成

次章以降の構成は以下のとおりである。第2章から第5章の各章はそれぞれ，行政学（公共調達研究，アカウンタビリティ研究）および組織論（正統性研究，スティグマ研究）の実証研究を収録している。また各章は，それぞれの研究領域の先行研究レビューと，実証データに基づく分析の方法・結果・考察・小括により構成される（図 1.1 参照）。

第 2 章は，本書のリサーチサイトである日本の公共調達に関する章である。一連の分析の入り口として，「公共調達に関するメディア等による批判は本当に的を射たものであるか」という疑問に，入札結果データを活用した統計的分析を通じて答える。

第 3 章は，行政機関のアカウンタビリティに関する研究である。本書は，アカウンタビリティこそが行政機関の直接的行動原理と考える。第 3 章では，日本の行政機関等の職員が日々どのようにアカウンタビリティを果たすよう求められ，その声に応じようとしているのか，公共調達に限らずより広い文脈で調査検討を行い，日本のアカウンタビリティの実態に迫る。

第 4 章は，行政機関の正統性獲得行動に関するミクロ的研究である。本書は，アカウンタビリティの背後にある正統性を，行政機関職員にとって重要な根源的行動原理と考える。しかしその正統性獲得行動が新たな問題を生じさせることがある。第 4 章は，このような新たな問題を引き起こすような戦略を選択してしまう組織内部の意思決定メカニズムの解明を目指す。

第 5 章は，非正統性であるスティグマに関するマクロ的研究である。先の第 4 章では，組織内部メカニズムをミクロ的視座により定性的に検討した。これに対し本章は，多くの組織が，他組織の不祥事に起因し自らに転移したスティグマを緩和するため，あるいは外部圧力に応じるため，「右に倣え」式で対処行動を取る様子を，マクロ的・定量的に検討する。

そして第 6 章にて議論全体を総括する。ここでは，本書が明らかにしたこととその理論的貢献をまとめるとともに，実践的含意として，行政・組織運営のための提言を示す。

（1） 新制度派組織論は，組織の正統性や，正統性追求の結果生じる「同型化」（isomorphism：意図せず組織構造等が類似する現象）を検討してきた。そのルーツは，Meyer & Rowan（1977）や DiMaggio & Powell（1983）にさかのぼる。

（2） ただし，第3章では，行政機関等，公的機関のアカウンタビリティの検討に際して，公共調達に限定せず公的機関の活動全般をリサーチサイトとしている。

（3） 正統性に関連する概念に名声（reputation）やステータス（status）がある。それらの比較においてWashington & Zajac（2005）が示した定義のエッセンスを抽出すれば，組織の名声とは「歴史的相違に基づく，実際的又は知覚的な区分」を，ステータスとは「社会的に構築・合意・受容された順序付け」をいう（p.284）。名声やステータスが他組織との相違を強調するのに対し，正統性は，確立された法令・規範・価値への適合やすでに正統視されている他組織との類似性を強調する。詳細な議論についてはWashington & Zajac（2005）およびRindova, Pollock, & Hayward（2006）参照。

（4） アカウンタビリティと正統性の関係については，第3章6.3項参照。

（5） 非正統性（illegitimacy）の捉え方についてはさまざまな議論がある。詳しくは第5章2.1項にて論じる。

（6） 落札率とは，入札における最終的な落札価格を，予定価格（発注者による事前積算価格）で除したものである。落札率は，公共調達の経済性の指標とされることが多い。さらに，高落札率は談合の可能性を示す徴候と見られることもある。例えば，全国市民オンブズマン連絡会議「落札率調査」（https://www.ombudsman.jp/rank_category／落札率調査，accessed 2021.02.19）参照。その他，公共調達関連用語については第2章の脚注1参照。

（7） 1者応札とは，複数者が応札（参加）可能なはずの競争入札に1者（社）しか応札者がいない状態をいう。1者応札は，競争性が担保されていないといった理由により，しばしば批判される。詳しくは第2章にて議論する。

第 2 章

Testing the validity of public procurement "reform"

公共調達制度「改革」
―1 者応札批判の検証―

1 はじめに

本書のリサーチサイトは日本の公共調達である。公共調達とは「国，地方公共団体などの公的機関が税金などの公の資金を用いて公のために必要な物品を購入したり，サービスの提供を受けたり，建設工事を請負に出したりすること」をいう（木下，2017，p.5）[(1)]。ここでいう公的機関には，行政機関の他，公的研究機関，独立行政法人等が含まれる。

公共調達においては，財源有効利用という点で最良の契約者を選定するために競争という手続きが取られる（楠，2017）[(2)]。この点は民間市場の原理と共通である。しかし「経済性」（合理的に安価な価格）を担保するだけでは十分でない。同時に，競争において「公正性」，すなわち「公平性」（受注を目指す者が，一定の条件のもと，平等に競争参加機会を得られること）と「透明性」（受注者決定プロセスが透明であること）の担保が求められる（Sorte, 2016）。たとえ調達担当者が最良だと思える契約相手先であっても，その選定が恣意的なものでないことを説明できなければならないのである。「いい業者を知っているからそこに発注した」では通らない。公共調達の諸制度は，これら経済性および公正性（公平性・透明性）の向上を目指す形で発展してきた。

わが国の公共調達において行政機関は，談合等の問題発生の度に強い批判を受け，批判に応える形でさまざまな「改革」が実行されてきた。近年も，東京オリンピック・パラリンピック競技会場建設や豊洲新市場建設に関連して，「少数者応札」すなわち一般競争入札において応札者が少ない状態が経済性を阻害しているとの批判がなされ，これに対して対策が講じられている。しかしその方向性は正しいのか。本書は，こういった「批判」や「改革」を全否定するものではないが，同時に，「公共調達に関するさまざまな批判やこれへの対応の結果，事態は望ましい方向に向かっているのか。かえって新たな問題が生じているということはないか」との問題意識に基づいている。

本章は，一連の分析の第一歩として，「公共調達に関するメディア等による批判は本当に的を射たものであるか」という疑問に，統計的分析を通じて答えることを目指す。具体的には，「少数者応札こそが高落札率の根本原因である」という通説を統計分析により検証し，応札者増加策という方策の妥当性を検討する。本章の RQ は以下のとおりである：

「少数者応札が高落札率につながり，入札の経済性阻害の原因となっている」，「1 者応札は競争性欠如の結果である」という通説は正しいのか。

この問いに答えるため，まず背景として第 2 節において日本の公共調達の系譜の概略を示す。また，本書が着目する「例外なき一般競争入札の適用拡大」と，その結果生じた「1 者応札問題」について述べる。第 3 節にて本章の研究の仮説を，第 4 節にて分析方法とデータについて述べる。第 5 節にて分析結果を提示した後，第 6 節にて考察を行う。そして第 7 節で本章の小括を示す。結果を先取りすれば，少数者応札が高落札率につながるという主張は間違いとはいえないものの，同時に，少数者落札の背後に，案件の特殊性等，慎重に考慮すべき要因が存在することが明らかになった。

2　日本の公共調達と 1 者応札問題

日本の公共調達においては，さまざまな問題発生に際して，当事者組織に対して改善策を取るよう外部者が圧力を加え，その結果，新たな問題が生じるという状況が繰り返されてきた。要点を述べれば，従来の指名競争入札や随意契約に代わり，より公平かつ透明とされる一般競争入札が適用拡大され，その結果として新たな「1 者応札問題」が生じたというのがここ 30 年来の経緯である。本節では，このような日本における公共調達の沿革を示したうえで，「1 者応札問題」について，何が問題とされているのか，その根拠は何なのか説明する。

2.1　日本における公共調達の沿革[3]

わが国の公共調達制度の原形は1889年制定の「会計法」にさかのぼる。また，会計法を補完する規程として，「予算決算及び会計令」(1947年制定)が定められている。長らくわが国の公共調達制度はこれらの法令の元で枠組みが形成され，運用されてきた。しかしながら1990年代以降，その制度の課題が表面化してきた。

まず，1990年代においていわゆる「ゼネコン汚職」が次々と明るみになった。特に注目を集めたのが，1991年の「埼玉土曜会事件」である。また1995年には，官製談合摘発第一号といわれる「日本下水道事業団談合事件」が摘発された。その結果，談合防止を主目的としてさまざまな改革がなされてきた（楠，2017)。その一環として1994年より，大規模工事（国直轄工事の場合，当時，一般に7億2,000万円以上）について，それ以前に主流だった指名競争入札に代わり，一般競争入札が適用されるようになった[4]。これは，指名競争入札が談合を助長しているとの考えに基づいている。

2000年代には，多くの官製談合事件が摘発された。主な事件としては，通称「ムネオハウス」入札妨害事件（2002年)，厚生労働省における研修用冊子の発注をめぐる汚職事件（2004年)，社会保険庁の金銭登録機導入をめぐる贈収賄事件（2004年)，衆議院事務局の電話工事発注を巡る汚職事件(2005年)，防衛施設庁官製談合事件（2005年）が挙げられる。これらの事件に際し，新聞紙上等において，随意契約が発注者と受注者の間で不透明な関係を生じさせやすく癒着の温床となると論じられている[5]。

これらの談合・官製談合事件とは別に，公共調達の在り方に影響を及ぼした社会的背景として，官僚OB天下り問題と，この問題に起因する独立行政法人・公益法人改革の動きを挙げることができる。会計検査院は，「公益法人に対する行政の関与の在り方の改革実施計画」(2002年3月29日閣議決定)を受け，「公益法人と行政との関係の透明性が一層求められ，その在り方に社会的関心が持たれている」(p.1177）として，平成15年度決算検査報告（会計検査院，2004）において，国が発注している調査研究事業に関して契約形態と受注者属性の関係を分析した。その結果，「競争契約については，民間企業 74.3%，公益法人 25.6%となっているのに対し，随意契約については，公益法人 46.4%，民間企業 27.1%，独立行政法人等 14.4%等となっている。このように，競争契約の契約相手方は民間企業が多く，随意契約の契約相手方は公益法人が多くなっている」（p.1186）と，公益法人との間の随意契約に関して注意喚起している。批判の矛先はいわゆる官僚 OB 天下り問題にあったのであるが，その官僚 OB 雇用の原資として，随意契約を通じた高額受注の存在が指摘されたのである[(6)]。

このような状況のもと，2004 年 11 月 12 日の閣僚懇談会における財務大臣等からの指示を受け，2005 年に財務省主計局から各省庁に通達[(7)]が発せられ，各省庁は，契約相手の公表等，随意契約の厳格な適用を求められた。また，再委託[(8)]に関する承認の仕組みが構築されることとなった。これは，公益法人等からの「丸投げ」防止を意図したものである[(9)]。

政府は，2006 年 2 月「公共調達の適正化に向けた取り組みについて」（公共調達の適正化に関する関係省庁連絡会議，2006a）を発表した。当該文書には，一般競争方式のさらなる拡大，総合評価方式の導入，一般競争方式等における入札契約手続きの改善，随意契約に関する緊急点検の実施とその結果公表等の方針が示された。特に公益法人等との契約に関しては，「公益法人等との随意契約の適正化について」（公共調達の適正化に関する関係省庁連絡会議，2006b）において，公益法人等との間での競争性のない随意契約のうち，金額ベースで 93%，件数ベースで 94%を一般競争入札等に改める指針が示された。また，2006 年 8 月には，随意契約を適用できる具体的な条件を定める通達[(10)]が，財務省から他省に宛てて発せられた。

なお当時，野党 民主党が公益法人との随意契約に関して政府を追及し，当時の小泉純一郎首相が，「随意契約はそれしか方法がないものに限る」と，同党の質問に対して答弁している[(11)]。このように政界や世論は，公益法人批判・随意契約反対に大きく傾いていった。

こうした動きを受けて各省庁も対策を講じた。例えば国土交通省は，2006 年 6 月『随意契約見直し計画』（2007 年 1 月一部改訂）を策定した（国土交通省，2007）。さらに政府は 2007 年，「随意契約の適正化の一層の推進について」（公共調達の適正化に関する関係省庁連絡会議，2007）を発表し，随意契約に関する一層の監視や競争性向上に努めるとの方針を打ち出した。

2.2　例外なき一般競争入札適用拡大と1者応札問題(12)

以上のように，1990年代以降の公共調達制度改革は，指名競争入札や随意契約がさまざまな問題の温床になっているとの指摘を受けて，調達方式を原則としてすべて一般競争入札に切り替えるというものであった。

調達方式のうち，問題解決策として一般競争入札が適用拡大されてきた主な根拠は以下の2点である。第1に，一般競争入札においては多数の応札者による競争を通じて落札率が低下し，国や自治体の予算削減，すなわち経済性に貢献するという主張がある(13)。そして第2に，一般競争入札は公正性すなわち公平性および透明性において優れているとの主張である。それまで主流であった随意契約や指名競争入札は，受注者決定や応札者指名の段階で発注者の恣意が混入するとの批判を受けるようになった。すなわち，随意契約相手先決定や，指名競争入札での業者指名において，公平性・透明性確保は困難であるとの指摘である。また，随意契約相手先選定や業者指名における発注者の裁量が発注者のパワーの源泉となると同時に，受発注者間の不適切な関係の原因になるとも指摘された（金本・城所，1999）(14)。

しかし現実には，競争参加資格に示された条件を満たしさえすれば，どの登録業者でも応札可能なはずの一般競争入札において1者応札となる案件がしばしば発生している。例えば2015年度の東京都発注案件のうち，1者応札の割合は件数ベースで22.3%，金額ベースで35.6%となっている(15)。国発注案件においても，2019年度の一般競争入札案件78,586件中，件数で36.3%（28,581件），金額ベースで35.0%が1者応札となっている（行政改革推進会議，2020）。情報システムに限れば，2018年度に国の各府省等が競争契約によって調達した情報システム（423件）のうち，313件（73.9%）が1者応札であったという（会計検査院，2021）(16)。

ではなぜ1者応札が生じるのか。公法学者であり会計検査院での実務経験も有する有川博は，1者応札案件が生じる理由を以下のとおり整理している。すなわち，(1) 実質的な公告期間の不足，(2) PR 等の周知不足，(3) 偏った周知，(4) 適切な履行期間や準備期間の不足，(5) 発注単位等の問題 (発注単位のまとめ過ぎ，各発注官からの一斉発注)，(6) 限定的な参加資格要件や仕様，(7) 不明確な参加資格要件や仕様，(8) 不必要な継続案件の創出，および (9) そもそも一般競争入札とするのが不適当な案件である (有川，2016)。

この1者応札状態について受発注者以外の外部者は，競争性が確保できないとして否定的な立場を取っている[(17)]。会計検査院 (2008，2009) は，1者応札が高コストにつながると指摘し，総務省も1者応札状態解消を勧告している (総務省行政評価局，2008)。国土交通省の示した「『1者応札・1者応募』に係る改善方策について」はその対応例である[(18)]。各官庁の入札監視委員会も1者応札について否定的な立場にある[(19)]。以上のように，発注官庁の外部者は1者応札を問題視し，その改善を発注官庁に対して求めてきた。2020年代に入ってもなお，1者応札は重要課題として頻繁に論じられている (会計検査院，2021；行政改革推進会議，2020)。

しかし，1者応札問題は科学的方法により精緻に検討する必要がある。確かに，少数者応札が高落札率につながるという傾向は，多くの先行研究が確認している (例えば，Arai & Morimoto, 2017；Iimi, 2006)。一方，1者応札，より一般に応札者数の規定因に関する検討は十分でない。このテーマを扱った例として，Yao & Tanaka (2020) が，中国での薬剤調達の分析を通じて，品質水準の不明瞭性が応札者数に及ぼすことを明らかにしているが，その他の要因も含め統合的に検討すべきである。また，さまざまな要因が応札者数と落札率に影響すると考えられる中で，その落札率への影響には，応札者数に媒介されての間接効果と，媒介なき直接効果の双方があると予想される。これら直接・間接効果を区別する必要がある。

にもかかわらず，1者応札回避が自己目的化し[(20)]，さまざまな「改善策」が推し進められてきた。その1つが競争参加資格の緩和を通じた応札者増加策である。しかし，競争参加資格の過度な緩和の結果，本来必要な資質を持たない不適格業者の参入とこれに伴う品質低下，さらには適格業者の退出といった問題も生じてきている (Yao & Tanaka, 2020；広瀬，2008；木下，

2017；大橋，2012；渡邊，2006)。2017年には，埼玉県春日部市の学校給食提供に係る入札案件において，市の求める調理水準を業者が理解していなかったために，複数の学校で調理が間に合わなかったり，調理を失敗する等のトラブルが続いた事案が発生している[21]。このように科学的検討を顧みることなく，弊害を無視して強引に進められてきた一般競争入札適用拡大と落札率低減の取り組みを，法学者の楠茂樹は，「発注者からすれば，望んでそうしたのではなくそうせざるを得ないような状況に追い込まれた」(楠，2012，p.49) 結果生じた，「見かけだけの改革の格好の例」(楠，2017，p.1) と表現している。

本章は，このような公共調達改革の在り方，特にさまざまな「改善策」に対する疑問を出発点とし，行政が前提とする「少数者応札が高落札率につながり，入札の経済性阻害の原因となっている」という通説の真偽を検証する。また，「何が1者応札（より広くいえば少数者応札）の原因となっているのか」を明らかにすることを通じて，「1者応札は競争性欠如の結果である」という通説を検証する。このため以下では，国土交通省航空局が公開している入札結果データを使用し，応札者数と落札率，ならびにその他の要因間の関係を定量的に分析する。

3 仮説

検証対象とした仮説とその導出根拠は以下のとおりである。

3.1 応札者数

入札理論によれば，応札者数が多いほど落札率が低くなるという (Arai & Morimoto, 2017；Iimi 2006)。このため，応札者が少ないと落札率が高くなり，経済性が損なわれるとの主張がなされる。また，高落札率は談合の可能性を示唆しているともいわれることから (Arai & Morimoto, 2020；Ishii, 2009；Padhi & Mohapatra, 2011)，高落札率につながる少数者応札は批判の対象となる。

こうして社会においてこれまで，1者応札，より一般に少数者応札は，受発注者以外の第三者から，指名競争入札や随意契約と同様，不透明であって望ましくない状態と見なされてきた。例えば2008年の「第4回公正入札調査会議」（国土交通省主管）においては，「入札に参加可能な業者の数を増やすことは，競争性を担保する上で重要な論点となるのではないか」といった少数者応札に否定的な意見が述べられている[(22)]。会計検査院も，1者応札の場合の平均落札率が2者以上応札の場合を上回っていると，平成19年度決算検査報告において指摘している（会計検査院，2008）。同報告は，随意契約から競争契約等への移行の結果として1者応札となった契約等の中に，競争性確保に関して検討の必要があったものが含まれると指摘している。さらに会計検査院は，翌平成20年度決算検査報告において，1者応札が高コストにつながると指摘している（会計検査院，2009）[(23)]。最近でも，行政改革推進会議（2020）や東京都政改革本部の会議において同様の議論がなされている[(24)]。これらの主張を仮説に置き換えれば，以下のとおりとなる。

仮説1：応札者数が少ない案件ほど落札率が高くなる。

3.2　案件特殊性

では，どのような場合に1者応札が生じるのか。楠（2017）によれば，1者応札になるのは，システムメンテナンス等，最初からある業者しか入札できない，あるいは最初からある業者しか割に合わない案件である。本書第4章の研究においても，発注官庁関係者への聞き取り調査の結果，案件特殊性が1者応札者の一大要因となることが明らかになっている。有川（2016）のいう限定的すぎる参加資格や仕様も，案件特殊性に起因するといえる。このように，案件特殊性は，1者応札問題を論じるうえで避けて通れない要因だと考えられる。

ところで，案件特殊性と応札者数の関係を考察するうえで，関係特殊投資の存在を考慮する必要がある（西口，2012）。特殊な案件の遂行，すなわちある領域に特化した調査研究や専用施設・システムの開発製造等のために，受注者は，関係特殊技能や関係特殊資産を保持しなければならない。ここで関係特殊技能や関係特殊資産とは，主たる顧客のニーズに対して効率的に対応するために要求される，他には転用困難な技能や資産（生産設備等）をいう。一方，競争入札は，個別の入札について最安値を提示した応札者（最低価格落札方式の場合），あるいは最も評価点の高かった応札者（総合評価方式の場合）との契約を通じて，個別案件における発注者の短期的利益を最大化することを目指す。ここで，業界の育成発展といった長期的視点は考慮されない。この時，業者にとって次回以降の入札での落札は極めて不確実であり，ホールドアップ問題への恐れから，関係特殊技能や関係特殊資産への投資は過小となり，応札者は少なくなる。

ところで有川（2016）は，1者応札発生要因の1つとして限定的すぎる仕様を挙げている。仕様において履行内容が過度に詳細に指定されると，対応可能な業者が限定され，1者応札につながるというのである。この限定的すぎる仕様も，発注者の恣意によるものでない限り，基本的には案件特殊性に起因するものである。このように，特殊な案件においては落札者数が少なくなり，その結果，落札率が高くなることが予想される。

仮説2a：特殊な案件ほど，応札者数が減少し，落札率が高くなる。

3.3　仕様不明瞭性

入札に先立ち応札者は履行すべき業務内容について熟知する必要がある。でないと応札判断や積算が困難である。ところで，業務内容は仕様（書）に記されるが，業務内容が複雑な案件において明瞭な仕様書の作成は困難となる（Goldberg，1977）。例えば建設工事案件においては，未知の条件（地形条件等）のため仕様定義が困難になりやすいという（Waara，2008）。

不明瞭な仕様は不完備契約につながる。この時，業務品質の基準設定や測定は困難となり，将来コストは不確実となる。そのような場合，業者は正確なコストを見積もることができず，さまざまなリスクを抱えることを懸念し，応札をためらうだろう。

有川（2016）も，1者応札発生要因の1つとして不明瞭な仕様を挙げている。仕様が不明瞭な場合，従来からの受注者以外の業者は，公式の仕様書から発注者が期待する履行内容を十分知ることができず，参入障壁が生じ，応札者数が減少するというのである[25]。こうして以下の仮説が導出される。

仮説 2b：仕様が不明瞭な案件ほど，応札者数が減少し，落札率が高くなる。

3.4　発注時期

日本の行政機関においては単年度予算主義が厳格に運用されており，原則として年度末までに案件を完了させなければならない。厳格な単年度予算主義は事業費高騰の原因になっているともいわれる（金本，1993）。年度末にばかり案件が集中し，逆に年度当初は各社とも余剰人員や遊休インフラを抱えざるを得ないからである。そうして，単年度予算主義が受注産業の経営計画の持続性を困難にしているという（広瀬，2008）。

単年度予算主義のもとでは，発注時期が遅くなればなるほど各応札者は多忙となって，技術的に遂行可能な案件も受注が困難になり，応札者が減ってしまう。また，発注時期の遅れは，事前に当該案件に関するノウハウのある業者以外にとって受注態勢整備を困難にし，応札を断念させるような障壁となるという（有川，2016）。この主張を仮説に置き換えれば以下のとおりとなる。

仮説 2c：発注時期が遅れるほど，応札者数が減少し，落札率が高くなる。

3.5　案件規模

大規模案件ほど参入障壁は高くなる（Estache & Iimi, 2012）。東京都の都政改革本部会議（第5回会合：2016年12月22日）では，東京オリンピック・パラリンピック競技会場や新豊洲市場の建設費用高騰に関連して，規模の大きい案件ほど1者応札が占める割合が増え，また大規模案件ほど1者応札での落札率も高くなるとの議論がなされている[26]。当該会議の資料はそのメカニズムに関して説明していないが，業者としては，大規模案件ほど積算等の入札準備に係るコストが大きくなり，ある程度の確度がないと応札を躊躇するであろう。また，必要な関係特殊投資も大きくなり，失注時のダメージが大きいので，これに投資しようとする企業は少なくなるであろう。さらに，大規模案件を完遂できるのは主に大企業に限られるため，潜在的応札可能業者の数は少なくなるであろう。それらの予想を仮説とすれば，以下のとおりとなる。

仮説2d：案件規模が大きいほど，応札者数が減少し，落札率が高くなる。

3.6　落札者属性

公務員OBの天下りが批判される理由の1つは，天下り先組織が優遇され，競争環境が歪められているというものである。公務員OBが天下った組織は入札における勝率を高めるという（Asai, Kawai, & Nakabayashi, 2021）。Asai et al.（2021）は，この勝率向上が，OBの職種（事務官・技官の別）に依存しないことを確かめている。すなわち，天下り先組織による落札は，OB雇用による技術力向上の成果ではなく，官庁と天下り先の組織的対応の結果だというのである。もしそうであるなら，入札における勝敗以前に，天下りのない他の企業が排除されたり，天下り先に遠慮して応札者数が減少するメカニズムが働いている可能性がある。

日本における天下り先組織の典型が公益法人（現「所管法人」[27]）である。2000年代中頃から後半にかけて，官僚OB天下りと関連して，いわゆる公益法人批判が強まった。公共調達においても，会計検査院が，平成15年度決算検査報告において，「公益法人と行政との関係の透明性が一層求められ，その在り方に社会的関心が持たれている」（p.1177）と記し，競争契約の契約相手方は民間企業が多い一方で，随意契約の契約相手方は公益法人が多いとして，公益法人との間の随意契約に関して注意喚起を行った（会計検査院，2004）。

さらに同院は，平成20年度決算検査報告において，公益法人との契約において1者応札の割合が高くなっていると言及し，問題ありと指摘している（会計検査院，2009）。現在，これらの法人に係る制度は以前とは異なっているが，情報公開義務が課せられる等，純粋な民間企業とは異なる制度のもとで運用されている。引き続き，官僚OBが役員を務める場合も多い。このため会計検査院（2009）の指摘が現在も当てはまるならば，当時の公益法人，すなわち現在の「所管法人」による落札に関して，次の仮説が立てられる。

仮説2e：所管法人が落札した案件では，そうでない案件より応札者数が少なく，落札率が高い。

分析モデル全体を図2.1に示す。

図2.1　分析モデル（応札者数と落札率に影響を及ぼす要因）

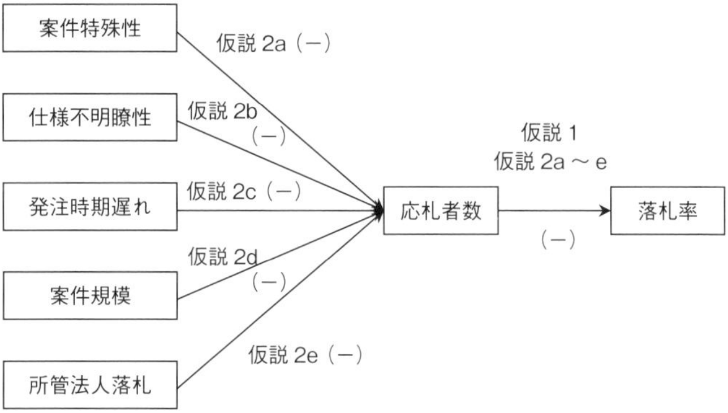

4　方法

4.1　サンプルおよびデータ

データは国土交通省航空局公開の競争入札経過調書から取得した[28]。航空行政は，特別会計を原資とした空港建設事業が航空会社の経営を圧迫したとの批判を浴びた経緯から，現在も外部者の目が厳しく，外部者圧力や当事者行動の観察に適している[29]。競争入札経過調書には，同局およびその出先機関（地方局等）が発注した全競争入札案件つき，入札日，発注者積算額（入札書比較価格[30]），全応札者名，入札金額等が示されている。

対象期間は2015年度および2016年度であり，サンプルサイズはn = 1065となった。これらはすべて一般競争入札案件であり，指名競争入札や随意契約案件は含まれない。調達対象の範囲は，物品購入，役務提供からシステム整備等まで幅広い。ただし，滑走路造成といった大規模土木工事は含まれていない。これらは航空局ではなく港湾局の所管となるからである。また，48件のみが総合評価方式であり，残りはすべて最低価格落札方式である。入札書比較価格の事前公表[31]はない。

4.2　変数

モデルに投入した変数は以下のとおりである。被説明変数は，各案件の落札率すなわち落札価格（税抜き）を入札書比較価格（税抜き上限価格）で除したものである。

説明変数としてはまず，応札者数を投入した。案件特殊性は，案件種別毎に，特殊性の低いものから順に1，2または3の3値を取る変数とした。具体的な基準は表2.1（上）のとおりである[32]。仕様不明瞭性は，案件種別毎に，不明瞭性の低いものから順に0または1の2値を取る変数とし，その基準は表2.1（下）のとおりである。不明瞭性の値も，案件特殊性と同様の手続きを経て案件種別毎に付与した。発注時期の遅れを示す「残日数」は，入札実施日（契約前日）から当該年度最終日（3月31日）までの日数である。ただし，残日数が少ないほど発注時期が遅れていることを示す。この点は，標準偏回帰係数（β）の符号の解釈において注意を要する。案件規模は，入札書比較価格を対数化して投入した。応札者の属性としては「所管法人」ダミーを投入した。これは，所管法人は1を，それ以外の法人（株式会社等）は0を取る変数である。

表 2.1　尺度の基準

案件特殊性

値	説明	案件種別
1	市販品等の物品や一般的な役務等	市販品購入，データ入力，一般的な労働者派遣，一般的な文書翻訳，一般的な健康診断，一般的な資機材借上，映像作成，警備，輸送，一般的な工事，草刈り，除雪，清掃，会議ブース受付等請負，一般的な施設・設備の点検・保全
2	応札者が強く限定されるわけではないが，固有分野での知識や経験が必要なサービス，機器等	一定の専門知識を要する業務（調査，設計，訓練，評価試験，テスト業務，教材作成，委員会業務，専門文書翻訳，調査補助等），法律相談，市販品ではないが型式指定のない物品の製造点検，汎用大規模システムの購入，事情に特化した事前知識が必要な施設・設備の点検（航空機火災消火訓練施設等），電力購入，施設借上
3	極めて限定的な業者以外は対応困難なサービス，機器等	継続案件（システム等整備，保全，移行，部品，更新，性能向上，修理，調整，訓練等），特殊システム（管制実習，対空援助訓練等）の製造，航空機購入，航空機模擬飛行装置・航空機借上，代理店契約の物品

仕様不明瞭性

値	説明	案件種別
0	仕様書から履行内容が明確なもの	市販品や型番指定品の購入，システムおよび機器の移行・運用支援・保守・修理・改修・維持管理・調整，機器部品購入，機器設置・撤去工事，訓練，データ入力，翻訳，機器等実施設計，人材派遣，運送，警備，機材借上，測量，測定
1	仕様書から履行内容を推察することが困難なもの	調査，特殊システムの製造，システムおよび機器の基本設計・性能向上

さらに統制変数として以下を投入した。「本省ダミー」は，本省（航空局本局）発注案件について1を，出先機関発注案件について0を取る変数である。本省は，組織上層部（局長等）や上位組織（大臣官房等）の圧力を直接受けやすく，1者応札回避（応札者増加）策を取る傾向が強くなる可能性がある。その他，「総合評価ダミー」（最低価格落札方式案件＝0，総合評価方式案件＝1），および「年度ダミー」（2015年度＝0，2016年度＝1）を投入した。

4.3　分析方法

分析は，階層的重回帰分析（最小二乗法）によった。

5　結果

記述統計（平均，標準偏差）および相関係数は表2.2のとおりである。相関係数のやや高い変数ペアもあるが，VIF（variance inflation factor：分散拡大係数）の値は最大でも1未満であり，多重共線性の問題はないと判断した。

表2.2　記述統計

	m	s.d.	1	2	3	4	5	6	7	8	9	10
1. 落札率	.88	.16	1.00									
2. 年度	.51	.50	-.01	1.00								
3. 本省	.57	.50	.00	.03	1.00							
4. 総合評価	.05	.21	.07 *	-.02	.06 *	1.00						
5. 特殊性	2.10	.83	.32 ***	-.04 +	.17 ***	.12 ***	1.00					
6. 不明瞭性	.21	.41	-.09 **	-.04 +	.36 ***	.09 **	.04 +	1.00				
7. 残日数	208.16	116.27	-.02	.00	.08 **	-.05 +	-.19 ***	-.14 ***	1.00			
8. 入札書比較価格	16.08	1.76	.13 ***	.04	.46 ***	.34 ***	.29 ***	.13 ***	.09 **	1.00		
9. 所管法人	.10	.30	-.02	-.01	.20 ***	-.07 **	-.06 *	.41 ***	.05 *	-.04	1.00	
10. 応札者数	1.87	1.36	-.51 ***	.00	.04	-.05 +	-.39 ***	.05 *	.03	-.09 **	.03	1.00

n = 1065，+ p < .10，* p < .05，** p < .01，*** p < .001

なお，全1065案件中，1者応札案件は591件であった。これは件数ベースで56%，落札金額ベースで83%であった。

5.1　落札率に影響する要因

落札率を被説明変数とした重回帰分析の結果は表2.3（モデル1~3）のとおりである。モデル1では統制変数のみを投入した。モデル2では，落札率に影響すると予想される5変数（案件特殊性，仕様不明瞭性，残日数，入札書比較価格，所管法人ダミー）を投入した。モデル3では，さらに応札者数を投入し，モデル2にて投入した変数の，応札者数への影響を通じた間接効果を検討した。図2.2は，分析モデル（図2.1）をベースに，標準偏回帰係数（β）を追記し，有意確率5%未満でなかったパスを消去したものである。

表2.3　重回帰分析

被説明変数			落札率		応札者数
モデル	モデル1	モデル2	モデル3	モデル3A	モデル4
年度	-.006	.001	-.008	.004	-.021
本省	-.005	-.070 *	-.019	-.045	.116 **
総合評価	.069 *	.025	.021	.019	-.009
特殊性		.321 ***	.137 ***	.175 ***	-.417 ***
不明瞭性		-.106 **	-.091 **	-.058 +	.034
残日数		.028	.005	.019	-.053 +
入札書比較価格		.076 *	.068 *	.090 **	-.019
所管法人		.058 +	.045	.087 **	-.029
応札者数			-.442 ***		
一者応札				.352 ***	
F	1.69	18.42 ***	46.76 ***	33.23 ***	26.61 ***
Adjusted R^2	.002	.116	.279	.214	.161
Change in Adjusted R^2		.114	.163	.098	

n = 1065,　+ p < .10,　* p < .05,　** p < .01,　*** p < .001
モデル3AにおけるChange in Adjusted R^2は，モデル2からの変化量を示す。

モデル3のとおり，応札者数は，落札率に対して非常に強い有意な影響を

図 2.2　重回帰分析

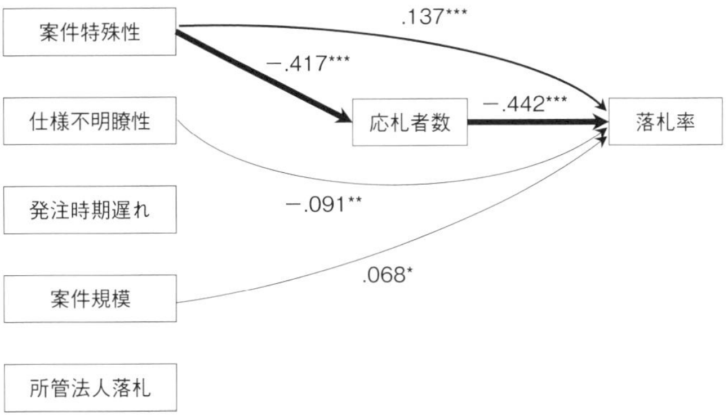

* p < .05,　** p < .01,　*** p < .001

注：βは，落札率を被説明変数とするパスについてはモデル 3 のものを，応札数を被説明変数とするパスについてはモデル 4 のものを記載した。パスの太さはβの絶対値の大きさに対応している。

及ぼしている（β（標準偏回帰係数）= −.442，p < .001）。すなわち仮説 1 は支持された。やはり応札者数が少ないほど落札率は高くなるのである。なお，応札者数そのものよりも，むしろ「1 者応札か複数者応札か」が落札率の大小を説明するという仮説を立てることも可能である。応札者が 1 者しかなく応札者がその事実を知る場合には，入札前の潜在的競争はあるにせよ，最終的な入札においては相手の出方を考えずに予定価格内で希望の価格により入札することが可能だからである。そこで，モデル 3A のとおり応札者数に代えて「1 者応札」（ダミー変数）を説明変数として投入した。結果は，β = .352（応札者数の場合と符号が逆になる；p < .001）であり，傾向に変化はなかった。F 値および R^2 の値はモデル 3 よりもむしろ低下していた。

次に，応札者数以外の要因の影響を分析する。案件特殊性は，落札率に対しモデル 2 において非常に強い影響を示している（β = .321，p < .001）。この有意な影響はモデル 3 においても見られるが（β = .137，p < .001），標準偏回帰係数は .321 から .137 へと 57%減少しており，落札率に対する特殊性の影響が相当程度応札者数に媒介されていることを示している。すなわち仮説 2a は支持された。

モデル 2 において，仕様不明瞭性は落札率に対して強い有意な負の影響を示している（$\beta = -.106$，$p < .01$）。これは，予想とは逆に，仕様が不明瞭なほど落札率が低くなることを示している。そしてこの有意な影響はモデル 3 においても見られる（$\beta = -.091$，$p < .01$）。ここで β の絶対値は 14％しか減少していない。すなわち，不明瞭性が落札率に及ぼす影響は応札者数に媒介されたものではなく主に直接的なものである。この点については後に詳しく検討する。

残日数が落札率に及ぼす影響は，モデル 2，モデル 3 いずれにおいても有意ではなかった（それぞれ $\beta = .028$ および .005，$p > .10$）。すなわち仮説 2c は支持されなかった。

案件規模すなわち入札比較価格が落札率に及ぼす影響は，モデル 2 において有意な結果を示している（$\beta = .076$，$p < .05$）。この有意な影響はモデル 3 においても見られる（$\beta = .068$，$p < .05$）。このように案件規模は一貫して落札率に対して有意な影響を及ぼしているが，両モデル間で β は 11％しか減少していない。案件規模は応札者数に媒介されることなく直接落札率に影響しているといえる。すなわち仮説 2d は部分的に支持された[33]。

落札者属性（所管法人か否か）の影響に関しては，モデル 2（$\beta = .058$，$p < .10$），モデル 3（$\beta = .045$，$p > .10$）とも有意といえるレベルではなく，仮説 2e は支持されなかった。

統制変数に関しては，本省発注案件の落札率が，モデル 2 において本省以外発注案件と比較して有意に低い（$\beta = -.070$，$p < .05$）。またこの影響はモデル 3 において有意でなくなっている（$\beta = -.019$，$p > .10$）。後で詳しく検討するが，本省発注案件は応札者数が多く，その影響を通じて，落札率が低下しているのである[34]。

このように分析結果は，応札者数が落札率に影響すること，そして，案件特殊性が応札者数に媒介されて落札率に影響することを示している。応札者数が少ないほど落札率が高いという傾向は，先行研究の主張に沿うものであると同時に（Arai & Morimoto, 2017；Iimi 2006），会計検査院（2008；2021）や東京都[35]といった行政機関の主張どおりである。

しかし，応札者増加という施策が有効か否かを判断するためには，応札者数に影響する背後要因をさらに探る必要がある。応札者数が発注者によって管理可能なものでなければ，これを操作しようとしても，その効果は限定的であり，場合によってはかえって別の問題を生じさせる可能性があるからである。そこで次項のとおり，応札者数を被説明変数とし，先の重回帰分析で投入した他の変数を説明変数として重回帰分析を行った。

5.2　応札者数に影響する要因

モデル4において，案件特殊性は応札者数に対して非常に強い有意な影響を及ぼしている（$\beta = -.417$，$p < .001$）。特殊性の高い案件では有意に応札者数が少なくなっており，そもそも特殊案件は対応可能な業者が限定されるとの説明を支持している。すなわち，先の分析と組み合わせれば，**仮説2a**は支持された。しかもβの絶対値は特殊性が最も大きい。本モデルに投入した変数のうち，案件特殊性こそが応札者数に対して最も強く影響する変数であるといってよいだろう。

本省ダミーも応札者数に強い有意な影響を与え（$\beta = .116$，$p < .01$），本省発注案件では有意に応札者数が多い。ところで，出先機関が定常業務を行うことが多いのに対して，本省は政策立案を行う官署であり，本省発注案件の特殊性（平均＝2.22）は，他官署のそれ（平均＝1.93）と比較して有意に高い（$p < .001$）。このため，本省案件の応札者数が少なくなってもおかしくない。そうならないのは恐らく，本省は大臣官房等の上位組織の圧力を受けやすく，出先機関よりも応札者増加策を取らされる傾向にあるためであろう。

残日数に関しては，これが多いほど応札者が少なくなる傾向が見られた。すなわち，発注時期が遅れるほど応札者が多い。これは予想とは逆向きであるが，弱い有意傾向にとどまっている（$\beta = -.053$，$p < .10$）。

仕様不明瞭性が応札者数に及ぼす影響は有意ではない（$\beta = .034$，$p > .10$）。この結果は，先の「不明瞭な仕様は落札率を引き下げるが，これは，応札者数に媒介されたものではない」という考察に整合している。落札者属性が応札者数に及ぼす影響も有意でなかった（$\beta = -.029$，$p > .10$）。

6 考察

落札率は，公共調達の経済性および公正性の指標と見なされることが多い。例えば，全国市民オンブズマン連絡会議も，落札率90％以上（以前は95％以上）の案件を「談合の疑いあり」と見なしている(36)。

一方，本章は，事態がそう単純ではないことを明らかにした。分析の結果，応札者数，案件特殊性および仕様不明瞭性といった要因が，それぞれ異なるメカニズムによって落札率に影響することが明らかになった。応札者の少ない案件において落札率が高くなるという結果は，入札研究の一般的知見に沿ったものであり（Arai & Morimoto, 2017；Iimi 2006），同時に，これまで会計検査院（2008；2021）や東京都(37)が主張してきたとおりである。

案件特殊性が応札者数に影響するという結果は，先行研究（楠，2017；西口，2012）の主張を定量的に裏付けるものである。ここで重要なのは，案件特殊性が，発注者による介入の困難な変数であるという点である。例えば，大規模特殊システムの開発やその運用管理・性能向上は，早く広く公告すれば誰もが応札・履行できるというようなものではない。また，「案件まとめすぎ」は確かに少数応札の一因であろうが（有川，2016），すべての案件が特殊性の低い小案件に分解可能という訳ではない。仮に可能だとしても，そのような小案件群の統括を発注者が行わなければならないとすれば，分割発注が発注者側の労力を含めた総費用の節減につながるとはいえない(38)。発注者側での統括業務実施体制の構築も必要となる。

一方，特殊性の高い案件について無理に応札者数を増加しようとして競争参加資格を緩和すると，不適格業者の参入や成果物品質の低下（木下，2017；大橋，2012），さらには発注者責任の放棄や民間の技術開発に対するインセンティブ消失といった問題が生じてしまう（広瀬，2008）。本書第4章もこれらの問題の発生メカニズムを検討するものである。競争参加資格の緩和は，応札者にとって要求品質基準を下げるとのシグナルになりかねないが，要求品質基準が低い場合，高品質業者が退出して低品質業者ばかりが残るとの指摘もある（Yao & Tanaka, 2020）。第4章において詳しく論じるが，競争参加資格の緩和は，安易に行うべきでない。

不明瞭な仕様が落札率を引き下げるという結果は，不明瞭な仕様が応札者数減を通じて落札率を引き上げるという，これまでの説明（有川，2016）と異なる。これについては以下の説明が考えられる。仕様不明瞭な案件の場合，応札者は，案件履行費用や落札可能金額を正確に見積もることが困難である。このため，本来必要な金額よりも低い金額で応札・落札してしまった可能性がある。しかしこれは，発注者，落札者双方にとって望ましい状態とはいえない。落札者は予想以上の履行内容を要求されて赤字に陥るかもしれない(39)。発注者としても，期待していた成果物が得られないかもしれない。しかも，そのような期待水準未満の成果物に対しても，仕様が不明瞭な以上，簡単に不履行と断じることはできず，契約解除や指名停止といった処分を下すことは困難である（Tanaka & Hayashi, 2016）。一方で，専門的な調査業務等は着手してみないと何をどこまで行うべきか発注者自身にも分からないことも多く，明確な仕様の事前定義が困難なこともある。経済学でいう契約の不完備性をまぬがれない性質の案件である。仕様定義が困難な案件についてはむしろ，契約後の交渉等を認める柔軟な制度を導入すべきであろう。

なお今回の分析では，大規模案件ほど応札者が少なくなり落札率が上がるという仮説2dは支持されなかった。ただし，本章のサンプル（入札書比較価格の最大値102億円，平均値9,800万円，中央値729万円）は大規模案件を網羅しているとはいえない。大規模土木工事等を網羅するようなサンプルによった場合，異なる結果となるかもしれない。

また，所管法人（かつての公益法人）と応札者数および落札率の関係はモデル3Aを除き支持されなかった。すなわち，所管法人落札案件において応札者数が少なく落札率が高いという会計検査院（2009）の主張は，少なくとも今回のデータには基本的に該当しない。これまでの公益法人制度改革が一定の成果を上げたと見てよいかもしれない。

7 小括

7.1 理論的貢献と実践的含意

本章は，1者応札批判の「前提」すなわち「少数者応札こそが高落札率の根本原因である」という通説を，統計分析によって検証した。その公共調達研究への貢献は，落札率，応札者数等の変数間の関係に関して，案件特殊性等の案件属性を含めて統計的に検証したという点にある。筆者は，応札者数と落札率の相関そのものを否定するわけでも，入札における競争性確保の必要性そのものに異論を唱えるわけでもない。しかし同時に，1者応札の背後には，案件特殊性，仕様不明瞭性等，考慮すべきさまざまな要因が存在し，それぞれ異なるメカニズムを通じて落札者に影響を及ぼしている。そして1者応札は，それ自体が高落札率の原因というよりも，案件特殊性，仕様不明瞭性等の要因と落札率の間にある（部分的）媒介変数として理解されるべきである。

1者応札を問答無用に排除しようとする行政の姿勢については，これまでも多くの論者が疑ってきた（広瀬，2008；楠，2017；西口，2012）。しかし，1者応札を生じさせる要因には，介入可能なものとそうでないものがある。そもそも，財・サービスの性質によっては，競争入札が最適な調達方式でないこともある（大橋，2012）。楠（2017）は，特殊案件の場合は一般競争入札よりも随意契約の方が望ましいとしている。特殊案件においては調達対象に関する知識が受注者側に集中していることが多い。その情報非対称性を解消するための協議や価格交渉が随意契約において認められる一方，競争入札においては許されないからである。公共経済学者の西口敏宏も，関係特殊投資の観点から，技術的に製造者しか行えないシステム保守のような特殊案件への競争入札適用は非効率以外の何物でもないと指摘している（西口，2012）。過去にも，大規模情報システム刷新プロジェクトにおいて，業務完了に至らず中断に追い込まれた例がある[40]。特殊案件は特に注意が必要である。

また，特殊案件は，応札者が少数となって落札率が高くなる宿命から逃れられない。楠（2017）や西口（2012）が述べているように，一般競争入札は特殊案件の調達に適していないのである。すでに経済産業省は，特殊案件について必要に応じ適宜形式的な競争入札を不要とする仕組みを導入し始めている（行政改革推進会議，2015)。同様に，明瞭な仕様定義が困難な案件についても，これに適した柔軟な制度を構築すべきである。

7.2　本章の限界

本章の研究の限界として，以下の点が挙げられる。

第１に，本章は国土交通省航空局およびその出先機関のみのデータに基づく分析であり，その他官署への一般化については注意が必要である。本サンプルの特徴としてはまず，大規模案件を網羅しているとはいえない点がある。大規模案件においては異なるメカニズムが働いている可能性がある。また，土木工事等が含まれていない。今後，地方自治体を含む他の行政機関のデータにより追試を行うべきである。

第２に，これは入手可能データの制約によるものであるが，応札者数や落札率に影響を与える変数の一部しか検討していない。今後，他の変数の影響を検討すべきである。例えば，有川（2016）が挙げた１者応札要因のうち，公告期間（公告からの入札までの日数），発注単位，案件発注の集中度，競争参加資格要件の不明瞭性あるいは厳格さ等を変数化し，それらが応札者数や落札率に及ぼす影響を定量的に検討すべきである。これにより，応札者数に影響する要因の理解を精緻化し，より効果的な応札者数増加策を講じることが可能になろう。

第３に，「特殊性」および「不明瞭性」尺度の値を案件種別から機械的に付与した点が挙げられる。機械的付与は評定者の主観によるバイアスを防止する効果もあるが，個別案件内容の正確な評価という点では限界があると考えられる。

7.3 行政機関のアカウンタビリティの検討へ

データ分析結果は，一般競争入札が万能ではないことを示している。1者応札案件に関しても，案件特殊性のような考慮すべき要因が存在する，そして，特殊案件に一般競争入札を適用すればおのずと少数者応札になってしまうという構造が存在する。

にもかかわらず，なぜ行政機関は一般競争入札や複数者応札にこだわるのか。次章以降の結論を先取りすれば，「アカウンタビリティを果たすため」，より正確には，「厳しいアカウンタビリティ追及を回避するため」である。一般競争入札ではなく随意契約を選択したり1者応札状態を存置するためには，そうせざるを得ない理由を外部に説明し，理解を得なければならない。すなわち，その行為の適切さについてアカウンタビリティを果たさなければならない。しかしそれには困難が伴う。先に，「随意契約はそれしか方法がないものに限る」という当時の小泉首相（当時）の答弁を引用したが，「それしかない」ということを説明し切ることは極めて難しい。会計検査院(2008) も，公務員 OB が在籍する法人への業務発注を行ううえで，発注官庁がアカウンタビリティを果たすよう求めている。そこで説明が困難だと判断した場合，発注官庁は，たとえ当該法人が発注先として最適だと信じていても，説明の手間を省くため，当該法人への発注を断念してしまう。

本章の定量分析はこのような組織の意思決定プロセスを明らかにしていない。これには定性分析が適している。日本の公共調達制度改革に関連した組織内部メカニズムについては第4章にて詳細に検討する。これに先立ち次章では，より広い文脈において，日本の行政機関が外部からどのようにアカウンタビリティを追及され，これにどう応えようとし，その結果何が生じているのかについて，広く検討する。

（1） 公共調達における契約先選定方法には随意契約と競争入札がある。随意契約においては，入札を経ず発注者が任意に契約先を決定する。競争入札のうち，一般競争入札には各案件に係る競争参加資格を満たすすべての登録事業者が参加可能である。一方，指名競争入札には，発注者に指名された事業者しか参加できない。競争入札における落札者決定方式には，価格と技術の組み合わせで落札者を決定する総合評価方式と，価格のみで落札者を決定する最低価格落札方式とがある。なお，談合とは入札に先立ち複数の業者が共謀して入札価格や落札者等を決めることをいい，特に発注者職員に主導された事案は官製談合と呼ばれる。

公共調達において発注者は，入札に先立ち自ら積算を行い，これを入札が成立する上限価格とする。この積算額は，入札書比較価格（税抜き額）および予定価格（税込み額）と呼ばれる。落札率とは，個別案件について最終的な落札価格（税抜き額）を入札書比較価格で除した数値をいう。

(2) ただし，後で議論するように，ここでいう競争とは，入札に多数の者が応札するというような顕在的なものだけでなく，水面下で行われる技術競争やコスト競争も含まれる。その結果として随意契約が選択されたり1者応札となったとしても，競争性が損なわれていると一概にはいえないと考えられる（例えば，大橋，2012，2015）。

(3) 日本の公共調達の詳細に関しては，以下の文献を参照されたい。木下（2012a, 2017）や楠（2017）は，日本の公共調達の根拠法や談合の歴史，公共調達に関わる諸問題について詳しく述べている。鈴木（2004）は，談合について，その解釈・歴史・防止措置等について包括的に検討している。また，森田・佐渡（2014）は，日本の公共調達を，アメリカ，イギリス，フランス，ドイツおよびEUのそれと比較している。

(4) 「一般競争入札方式の実施について」(平成6年6月21日付　建設省厚発第260号)。

(5) 例えば，「公益法人1896に天下り：見返りに取引で配慮も」，『日本経済新聞』，2005年9月23日，朝刊，p.5。

(6) 本章で述べたような国内情勢の他「政府調達に関する協定」（Agreement on Government Procurement: GPA）への批准（1995年12月）も，日本の公共調達の在り方に影響を与えた。随意契約の適用制限等，海外に対しても開かれた公正な公共調達制度の整備が要求されたのである（Kusunoki, 2007）。

(7) 「随意契約に関する事務の取扱い等について」（平成17年2月25日付　財計第407号），および，「随意契約の方法による委託契約に関する事務の取扱いについて」（平成17年2月25日付　財計第408号）

(8) 再委託とは，落札した業者から他の業者への下請け発注をいう。公共調達においては，丸投げ防止や応札者間の談合・癒着防止のため，再委託の際の届け出を義務付ける等の制約が課される。

(9) 「随意契約の監視強化：来年度から：政府，「丸投げ」に承認制に」，『日本経済新聞』，2005年2月26日，朝刊，p.5。

(10) 「公共調達の適正化について」（平成18年8月25日付　財計第2017号）。

(11) 第164回国会　衆議院　行政改革に関する特別委員会議録　第13号

(12)　1者応札をめぐる詳細な議論や経緯については第4章も参照のこと。

(13)　このような低落札率が経済的に望ましいとの主張の一方で，低落札率案件においては品質が低くなる傾向が見られるとの指摘もある（木下，2012b）。品質とコストの間には，トレードオフが存在するのである（Estache & Iimi, 2012）。

(14)　ただし，発注官庁と応札者は常に厳格な上下関係にあるというわけではない。「持ちつ持たれつ」の相互依存関係にあるともいわれる（廣中，1997；楠，2017）。例えば，業者にとって割に合わない案件であっても，発注者として誰かに受注してもらわなければならないような時もある。このような案件を受注した業者は，これを発注者に対する「貸し」として認識し，発注者は「借り」と認識して将来の案件発注でこれを返そうとする。

(15)　東京都 都政改革本部会議（第5回）資料「調達・入札制度の適正化に向けて：ワイズ・スペンディングの観点から」(http://www.toseikaikaku.metro.tokyo.jp/kaigi05/naibutousei/1-1_choutatsunyuusatsu.pdf, accessed 2021.05.17)。

(16)　ここでは，契約金額3,000万円以上の案件を1者応札割合の検討対象としている。なお，情報システム調達においては，当初開発を担当した業者がその後の運用保守，機器更新，改修等の継続案件の受注を繰り返して他社の参入が困難となる状況（「ベンダーロックイン」と呼ばれる）が頻発しているとして，対応が検討されている（Cao, An, Shi, & Wang, 2017；会計検査院，2021；公正取引委員会，2022）。

(17)　一方で，無条件な1者応札批判を問題視する専門家も多い。1者応札問題に関する詳しい議論や経緯については第4章にて論じる。

(18)　国土交通省「『1者応札・1者応募』に係る改善方策について」(http://www.mlit.go.jp/page/kanbo01_hy_000321.html, accessed 2021.06.23)。

(19)　例えば，「財務省入札等監視委員会設置規則」参照。

(20)　この点に関しては第4章にて詳しく論じる。

(21)　「学校の給食焦げだらけ…1時間半遅れも：春日部市，業者と契約解除」，『埼玉新聞』，2017年6月22日，WEB版（http://www.saitama-np.co.jp/news/2017/06/23/02_.htm, accessed 2017.07.24)。

(22)　国土交通省「第4回公正入札調査会議の議事概要について」(http://www.mlit.go.jp/report/press/kanbo06_hh_000004.html, accessed 2015.07.14)。

(23)　ただし会計検査院（2008, 2009）は応札者数と落札率の間の相関関係を示しているにすぎず，因果関係の論拠は示していない。

(24)　前掲脚注15参照。

(25)　不明瞭な仕様に対して，「十分に詳細かつ明瞭な仕様を定めるべし」との主張も存在する。しかしこれは以下の2点において困難である。第1に，仕様を詳細に指定すると，仕様書を起案した発注担当者（原課）は，管理部門等から「特定の業者しか理解・対応できない特殊な仕様になっており，公平性を損なっている」と指摘され，意図的に不明瞭な（よく言えば「限定的でない」）仕様を定めるよう要求される。すなわち，公平性を理由に，仕様を不明瞭にすることが求められることがある（関係者への聞き取りによる）。第 2 に，調査業務等，案件の第 1 段階を終えて初めて第 2 段階以降で必要な業務内容が明らかになるような場合もある。しかし，そのような案件であっても通常，競争入札における契約後の仕様変更は困難である。このため，どう転んでも対応可能な，曖昧な仕様をあらかじめ定めることになる。

(26)　前掲脚注 15 参照。

(27)　2008 年の公益法人関連 3 法の制定により，かつての公益法人すなわち財団法人および社団法人は，一般財団法人，公益財団法人，一般社団法人および公益社団法人と称せられるようになった。これらの法人は中央省庁又は地方自治体により所管され，「所管法人」と称されることが多いため，本書でも当該呼称を踏襲する。

(28)　国土交通省航空局「入札結果公表」(http://www.mlit.go.jp/koku/koku_fr1_000023.html, accessed 2017.07.04)。

(29)　空港整備特別会計（当時）に関する批判については，例えば「空整特会を解体し空港政策を出直せ（社説）」(『日本経済新聞』，2002 年 12 月 16 日，p.2）参照。

(30)　前掲脚注 1 参照。

(31)　入札書比較価格の公表時期は，入札前である場合と入札後である場合があるが，いずれも賛否両論ある。例えば事前公表は情報公開の観点から望ましいとされるが，当該価格付近での談合が可能になるといった批判もなされる。詳しくは楠（2017）pp.115-126 参照。

(32)　案件特殊性の値は，調達関係者 2 名と筆者の合議により決定した。最初に，案件種別毎に値を付与することおよび 3 値を取る変数とすることの妥当性を確認した。次に，筆者作成の素案を調達関係者 2 名が確認し，合議を経てこれを修正した。その際，警備や輸送のような案件区分内では案件毎に特殊性が異なる可能性があるとの指摘があったが，これらに関しては個別案件を確認のうえ，特段の差がないことを確かめた。なお，案件特殊性の 3 値のうち比較的特徴が近いと考えられる「1」（市販品等の物品や一般的な労務等）と「2」（固有分野での知識や経験が必要なサービス，機器等）を統合し，2 値変数（ダミー変数）としたモデルも検証した。その結果，各変数の β および有意性に顕著な変化はなく，R^2（決定係数）や F 値はむしろ低下する傾向にあった。

(33)　2019 年度および 2020 年度航空局発注案件の入札結果を用いた追試においても，本章の研究との間で結果に顕著な差は見られなかった。なお，案件規模の影響に関しては，大規模案件ほど落札率が高いという関係は同じであったが，追試では大規模案件ほど応札者数が多いという傾向が見られた。

(34)　前掲脚注 33 と同じ追試では，本省発注案件において応札者数が少ない一方，落札率も低いという結果になった。落札率高止まり防止に努めた一方，本省発注案件は専門性が高く，応札可能な業者を増やすことが困難だったのではないだろうか。

(35) 前掲脚注 15 参照。

(36) 第 1 章の脚注 6 参照。

(37) 前掲脚注 15 参照。

(38) 建設案件においては,案件分割がコスト増につながるとの指摘もある（Ashenfelter, Ashmore, & Filer, 1997）。

(39) 経済学（オークション理論）でいう「勝者の呪い（winner's curse)」が生じた状態である。

(40) 特許庁において，発注したシステム開発が計画不備等により中断し 54 億 5,100 万円の無駄な支出が生じる事案が発生した（会計検査院，2021）。この案件は 2006 年に入札を実施，3 社が応札，技術点で最下位だったが予定価格の 6 割以下という破格の価格を提示した企業が落札した。2011 年稼働を目指したが，2007 年には遅れが出始め，2012 年に中断が決定した（「特許庁システム，支出 54 億円ムダ：検査院指摘へ」，『日本経済新聞』，2012 年 10 月 11 日，沖縄夕刊，p.56）。

第 3 章

Accountability of Japan's public administration

行政機関のアカウンタビリティ
―答責者の認知と行為―

1　はじめに

前章において，日本の行政機関が「例外なき一般競争入札適用拡大」に進んだ理由として，「アカウンタビリティを果たすため」と述べた。公共調達の分野において，行政機関がアカウンタビリティを果たそうとして一層の問題を招いた組織内部メカニズムについては，次章にて事例分析を行う。その準備として本章では，行政機関を含む日本の公的機関(1)がどのようにアカウンタビリティを果たすよう求められ，その声にどう応じようとしているのか，より広く検討する。

今日，新聞紙上等において，政治家や行政機関のアカウンタビリティ（accountability）あるいは説明責任(2)を追及する記事がしばしば掲載される。アカウンタビリティは現代，行政による不正や職権乱用を防止し（Willems & Van Dooren, 2011），その有効性や効率を向上させるための手段として活用されるが（Bovens, 2006），一方で課題も指摘される。

しかし，先行研究の多くは法制度等に関する理論的な考察が中心である。実際に公的機関職員がいかにアカウンタビリティを追及され，これにどう対処しているか，またその結果いかなる問題が生じているか，その実態に関する検討は十分でない。そこで本章は，日本の行政機関等におけるアカウンタビリティの実態を，職員への面接調査を通じて検討する。特に，答責者（説明者：accounter）たる公的機関職員の認知と行為に焦点を当てる。すなわち彼らがアカウンタビリティをどのように捉え，これを果たすためにどのように行動しているかに焦点を当てる。また，これに影響する要因として，外部問責者（被説明者：accountee）からの追及に着目する。

以下，第2節にてアカウンタビリティに関する理論的背景，第3節にて研究の方法を示す。第4節にて分析結果について述べ，第5節で結果に基づく考察を行ったうえで，第6節にて結論を示す。

結論を先取りすれば，公的機関職員の認知によれば，成果に対するアカウンタビリティよりも，手続きの適切性に対するアカウンタビリティが強く追及されていた。また先行研究とは異なり，答責者よりも問責者が優位にあった。さらに，このような問責者の優位性と「官の無謬性原則」が，行政を「説明しやすい施策」すなわち「アカウンタビリティ追及を回避できる施策」へと誘導する要因となっていた。

2　理論的背景：アカウンタビリティ

2.1　アカウンタビリティとは(3)

アカウンタビリティは，政治学，行政学，国際関係論，社会心理学，法学，経営学等，さまざまな分野において論じられてきた（Bovens, Schillemans, & Goodin, 2014；Dubnick, 2014）。そのような経緯もあり，そもそも定義に関するコンセンサスがないとも指摘される（Bovens et al., 2014；Dubnick, 2014）。

しかし，ここでは Bovens（2007）の定義を参照することとしたい。すなわち，アカウンタビリティとは「行為者とフォーラム（裁き）の間の関係であって，行為者が自身の行為を説明し正当化する義務を有し，フォーラムが尋問・審判し，行為者が結果に直面しうるようなもの」（p.450，筆者訳出）である。数ある定義の中で Bovens（2007）を参照する理由は以下のとおりである。第1のポイントは，行為者（答責者）とフォーラム（問責者による問責の場）の関係への注目である。この点は，答責者の認知・行為ならびに問責者による問責に焦点を当てる本書の射程に合致する。第2に，結果（consequence）への注目である。ここでいう結果には，問責者からの好意的評価や報酬（reward）に加え，公式・非公式の制裁（sanctions）も含まれる（Bovens, 2006；Romzek, 2014）。結果への期待・恐れは，答責者の行動に強く影響すると考えられる。第3に，答責者による正当化（justification）義務への着目である。この正当化の難しさが，後述する「説明しやすい施策への偏向」といった問題につながると考えるからである。

Bovens（2006）は，行政機関が何について説明の義務を負うかという観点から，3種類のアカウンタビリティを挙げている。すなわち，収支や資産等の財務状態の妥当性・合規性に関する「財政アカウンタビリティ」，行為手続き（過程）の適切性に関する「手続きアカウンタビリティ」，ならびに，施策の成果に関する「成果アカウンタビリティ」である(4)。

また，Bovens（2006）は以下のとおり5種類の問責者を想定し，答責者たる行政機関は，各問責者に対してアカウンタビリティを果たす必要があるとしている。第1に，選挙を通じて選出された議会，政党，有権者およびメディアに対して「政治的アカウンタビリティ」を果たさねばならない。このアカウンタビリティは行政機関にとって極めて重要なものである（Bovens, 2007）。第2に，司法に対して「法的アカウンタビリティ」を果たさなければならない。このため行政機関職員は，その行政行為の適法性について，常に判断を下さなければならない。第3に，当事者組織の行為を監視・統制する監査・検査機関(5)に対して「行政的アカウンタビリティ」を果たさなければならない。第4の「職業的アカウンタビリティ」は特に技術職員に適用されるものであり，説明は同業職員（peer）に対してなされる。第5に，現代の行政機関は，一般社会に対してより直接的に説明することが期待される。具体的な問責者は，利益団体，慈善団体およびその他の関係者である。このようなアカウンタビリティは「社会的アカウンタビリティ」と呼ばれる。

公共セクターにおいてアカウンタビリティは以下の機能を果たすとされる（Willems & Van Dooren, 2011）。第1に，公的機関による法令・手続き遵守を促し，不正や職権乱用を抑止する。第2に，国民による公的機関統制のための機会を提供する。第3に，成果の監視を通じて公的機関の活動成果向上と継続的改善を促進する。

近年，アカウンタビリティはNPM（new public management：新公共経営）(6)において重要な役割を果たしてきた。NPMの目的の1つは行政機関に対して結果へのアカウンタビリティを要求しつつより大きな裁量を与えることを通じて行政の効率化を図ることにあるが（Norman & Gregory, 2003），ここでアカウンタビリティは効率化の手段として重視される（Bovens, 2006）。

2.2 アカウンタビリティの変化

アカウンタビリティは時代とともに変化している。第1に，要求対象が追加され，適用範囲が拡大されてきた。アカウンタビリティは当初，会計上の概念であったが（Bovens, 2006），同時に，政府や公務員による不祥事等への対応として構築されたものでもあり（Romzek, 1998），不祥事のたびに新たなルールが追加されてきた（Jos & Tompkins, 2004）。

第2に，アカウンタビリティ全般に対する要求が強化されてきた。すなわち，アカウンタビリティに関する新規制度の追加に加え，既存の制度も強化されてきた（Bovens et al., 2008）。

第3に，上記のような公式な制度拡大・強化にとどまらず，アカウンタビリティは，バズワードとして（Romzek, 2014）極めて広範な文脈で使用され（Mulgan, 2000），その意味内容も不明瞭になったといわれる（Pollitt & Hupe, 2011）。すなわち，アカウンタビリティは公式な制度に影響を及ぼす文化的現象となったというのである（Dubnick, 2014）。

第4に，範囲拡大と要求強化の中で，特に成果への要求が強化されてきたとされる（Bovens, 2007；Jos & Tompkins；2004；Page, 2004）。すなわち，Bovens（2006）のいう財政・手続き・成果の各アカウンタビリティのうち，成果アカウンタビリティが重視される傾向にあるという。その理由として山本（2013）は，成果の測定が比較的容易だからと説明している。また，成果重視は，成果評価を通じた統制というNPMの本質（Norman & Gregory, 2003）からも自然な流れといえる。

一方，Behn（2001）は，成果アカウンタビリティよりも，評価・追及が容易な財政アカウンタビリティおよび手続き（公正）アカウンタビリティに追及が偏るとしている。公共調達の分野においても，成果よりも手続き適切性や透明性が過度に優先されるという（Sorte, 2016）。手続きアカウンタビリティに追及が偏る背景としては，公共セクターにおける成果指標の設定や測定の困難さが挙げられている（Behn, 2001；Rainey, Backoff, & Levine, 1976；Romzek, 1998；Van Thiel & Leeuw, 2002；Welch & Wong, 2001）。

また，山本（2013）は，財政アカウンタビリティと成果アカウンタビリティの間で，問責者からの要求は前者に傾きやすいとする。その理由として，前者は後者よりも測定精度が高いこと，および，財政上の失敗は指摘が容易だという点を挙げている。このように，アカウンタビリティ追及の重点に関して，先行研究の主張は一貫していないといえよう。

2.3　アカウンタビリティの課題と逆機能

アカウンタビリティには課題や逆機能もある。第1に，アカウンタビリティ追及圧力の強まりが行政効率を低下させることがある。すなわち，政府・行政機関は一般社会の声に対して過敏になり，政策実行のスピードを低下させる（Chan & Karim, 2012）。現場の過剰負担も生じる（Bovens et al., 2008；Radin, 2011）。アカウンタビリティ確保のための作業負荷の増加が，本来業務に投入すべきリソースを浸食し，本来業務の効率を低下させるのである（山谷，2006）。

第2に，アカウンタビリティ要素間でコンフリクトが生じる（Behn, 2001；Bovens et al., 2008；Jos & Tompkins, 2004；Willems & Van Dooren, 2011）。財政アカウンタビリティ，すなわち財務上の妥当性・合規性の確保は，効率性や革新性を阻害し，成果アカウンタビリティを低下させることがある（Behn, 2001；山本，2013）。手続きアカウンタビリティと成果アカウンタビリティの間にもコンフリクトが生じる。さまざまな手続きへのコンプライアンスは，業務効率という面で少なくとも短期的には負の影響を及ぼしうる。このため行政における公正性・透明性の確保やそのための監査制度は，成果向上との間でジレンマを生じさせる（Behn, 2001；山本，2013；山谷，2006）。

第3に，アカウンタビリティへの要求は，答責者を，アカウンタビリティを果たしやすい施策，すなわち「説明しやすい施策」へと誘導する。成果アカウンタビリティにおいては，達成しやすいゴール（Jos & Tompkins, 2004）や，測定しやすい成果指標（Romzek, 2000）が選択される。例えば大学院生の評価において，説明しやすく公正な基準として査読付き論文の本数が採用される（沼上，2000）。手続きアカウンタビリティに関しても，公共調達において「説明しやすい施策」として一般競争入札[7]が広く適用されるようになった（本書第2章および第4章）。そして「説明しやすい施策」への偏向は，行政機関職員に無難さを要求し，委縮させ（湯浅，2014），創造的・挑戦的行動を阻害する。その結果，試行錯誤やこれを通じた学習の機会が失われてしまうのである。

2.4　日本におけるアカウンタビリティ

日本においては1990年代，公的分野で急速にアカウンタビリティや説明責任の語が使用されるようになった。これは同時期，国や地方における政治家・官僚による汚職事件等の不祥事が相次ぎ，行政に対する透明性向上を求める声が高まったことが影響している（井上，2017；山本，2013；山谷，2020）。2000年代に入り，小泉政権の「骨太の方針」[8]とその関連施策によってNPMの思考様式が広く普及し，行政はその活動効率を強く問われるようになり（湯浅，2014），NPM推進手段としてのアカウンタビリティへの要求が一層高まった。

並行して，日本のアカウンタビリティの内容が拡大していった。まず対象が，財政に関する情報開示から，施策や事業に関する意思決定に係る手続きや成果について説明し正当化することへと変化した。また，目的が「報告する責任」から「説明する責任」，「説得する責任」に拡大し（山本，2013），問責者による承認を得る段階までを含むようになった（興津，2014）。ただし，日本においてアカウンタビリティは広く社会的に認知されているものの，法律上の責任や義務として規定されたものではない（山本，2013）[9]。すなわち，根拠となるべき法制度のないまま，文化的現象（Dubnick, 2014）としての側面ばかりが肥大化し，ついに誰も逆らえない「金の概念（golden concept）」（Bovens, et al., 2008）として崇められるようになったのである。

そのような経緯を経て現代，日本のアカウンタビリティは，前項で述べたものに加え，次のような課題を抱えるとされる。第1に，メディアのバイアスである（山本，2013）。メディアは，国や地方自治体が発信した情報や一般にはアクセス困難な情報を国民に広く知らしめ，その意思決定（投票行動等）や行政機関に対する外的な統制を支援する。例えばYazaki（2017）は，地方新聞が自治体のアカウンタビリティ向上に及ぼす影響を明らかにしている。一方で，報道内容はニュース価値があるものに限定される。受け手たる国民を一定の方向に誘導することも可能である。煽情的な報道はかえって政治への無関心にもつながりうる（山谷，2020）。

第２に，問責者である一般市民にとっての情報入手の困難さである（山谷，2020）。一般市民がアカウンタビリティ追及のための十分な情報を入手することは難しい。また，情報を入手できても，これに基づき政治や行政のアカウンタビリティを判断できるだけのリテラシーが十分でない恐れもあるという。ただし，情報開示請求者による権利濫用の問題も指摘されており（井上，2017），問責者が一方的に弱いとは言い切れないであろう。

2.5　先行研究の課題と本章の目的

このように先行研究は，アカウンタビリティの機能や課題等について検討してきた。しかしながら先行研究は法制度等に関する理論的な考察が中心である。一方，アカウンタビリティ論の発展とアカウンタビリティの適切な運用のためには，現場の実態データに基づく経験的な検討も重要であろう。なぜなら現実には，政策評価や情報公開といった公式法制度に基づくアカウンタビリティだけでなく，非公式な場で問われるアカウンタビリティも行政機関の行為に影響するからである（山本，2013）。「文化的現象としてのアカウンタビリティ」（Dubnick, 2014）を無視することはできないのである。

このため本章は，日本のアカウンタビリティの課題とその背景要因を，公的機関，特に行政機関の職員の声に即して明らかにすることを目指す。

特に，諸課題発生の背景要因として，問責者によるアカウンタビリティ追及に焦点を当てる。アカウンタビリティに係る法制度がない（山本，2013）中で，答責者の行為に影響を及ぼす要因として，問責者の追及は重要な意味を持つと考えられる。また，答責者個人の認知（アカウンタビリティをどのように捉えているか，どのように追及されていると感じるか）に注目する。問責に対する答責者個人の認知こそがアカウンタビリティに基づく組織の行為を決定すると考えるからである。

上記の問題意識を集約したリサーチクエスチョン（RQ）は以下のとおりである：

日本の公共セクターにおいて，問責者は何についてアカウンタビリティを追及し，答責者はどのように応えようとしているか。

3 方法

データは主に面接調査により収集した。面接は，2019 年 11 月から 2021 年 7 月の間に半構造化面接の形で行った。インフォーマント（面接対象者）選定に際しては理論的サンプリング（Glaser & Strauss, 1967）の考え方を踏襲し，多様な組織の職員（元職員含む）を対象とした。結果的に，所属先には，行政機関である国・地方自治体に加え，国立研究開発法人，国立大学法人が含まれた。インフォーマントは表 3.1 のとおり最終的に 17 名となった（次節以降，発話参照箇所において A ～ Q 氏と記す）。面接のうち 2 件は先方の希望によりフォーカスグループ形式を取った（それぞれ 3 名および 2 名で実施）。面接時間は計約 16 時間となった。

表 3.1　インフォーマント一覧

ID	組織属性	職種	答責の立場，問責者，問責（説明）内容**	備考
A	地方自治体	事務職（管理職）	人事担当として，一般市民に対し，職員給与の根拠等について説明。	公立大学勤務経験あり（事務職）
B	地方自治体	事務職	行政改革担当として，職員組合に対し，組織改正や職員削減等の理由を説明。 用地買収担当として，住民に対し，事業の必要性や補償水準の根拠を説明。	
C	地方自治体	事務職	人事担当として，一般市民に対して，職員給与の根拠等について説明。	

D	中央省庁	事務職 （管理職）*	人事・予算担当として，議員に対し，人員配置のための予算措置の根拠について説明。	採用時は技官
E	中央省庁	事務職 （管理職）*	技術担当として，住民や議員に対し，施策の必要性等について説明。	採用時は技官
F	国立研究開発法人	研究職	研究責任者として，組織内部審査会や外部監査に対し，調達手続きの適切性について説明。	
G	中央省庁	事務職 （管理職）*	技術担当として，住民や議員に対し，施策の適切性等について説明。	採用時は技官
H	国立研究開発法人	研究職 （管理職）	研究責任者として，組織幹部に対し，研究の必要性や進捗について説明。 研究責任者として，外部監査や監督官庁に対し，研究の成果（研究業績および社会的インパクト），研究プロセスの適切性・効率性，所管官庁の目標との整合性について説明。	技官として中央省庁勤務経験あり
I	国立研究開発法人	研究職	研究責任者として，組織幹部に対し，研究の必要性や進捗について説明。	
J	中央省庁	事務職 （管理職）	政策立案担当として，議員，審議会委員，外部利益団体，メディア等に対し，施策（特に手続き適切性）について説明。	総合職。地方自治体勤務経験あり
K	国立大学法人	事務職 （管理職）	人事担当として，職員組合に対し，給与減額の根拠や手続き適切性等について説明。	書面回答のみ
L	中央省庁	事務職 （管理職）*	技術・安全担当として，住民や議員に対し，施策の適切性について説明。	採用時は技官
M	中央省庁	事務職 （管理職）	政策立案担当として，議員（および背後にいる市民）に対し，施策の適切性について説明。 人事・組織担当として，上位組織に対し，人員配置のための予算措置の根拠について説明。	総合職
N	中央省庁	事務職 （管理職）	施策立案担当・外部交渉担当として，組織幹部に対し，施策の適切性について説明。 政策評価担当として，評価機関に対し，施策の成果について説明。	総合職。在外公館勤務経験あり
O	中央省庁	事務職 （管理職）	政策立案担当として，議員，メディア等に対し，施策の適切性等について説明。	総合職

P	中央省庁	事務職（管理職）	政策立案担当として，議員，外部監査，外部利益団体，組織内部管理部門，メディア等に対し，施策の適切性（適法性含む）等について説明。	総合職
Q	中央省庁	事務職	政策立案担当として，議員，メディア等に対し，施策の適切性等について説明。	総合職

注1：*調査時点ですでに省庁等を退職している者を示す。職種は退職直前のものを記載した。
注2：**面接時に言及された主な事案についてのみ記載した。ここに掲げた以外のアカウンタビリティを追及されていないわけではない。また，匿名性担保のため具体的な内容は伏せてある。

面接の冒頭，以下のとおり本研究が意図するアカウンタビリティ（説明責任）の内容を示した。これは，前述のBovens（2006, 2007）の定義や説明を平易に表現したものである。なおこの定義および面接においては，アカウンタビリティではなく，インフォーマントが日常的に使用する「説明責任」の語を使用した。

> *ここで，「説明責任」とは，「自組織または自身の施策や意思決定の正当性・妥当性を他者に説明し，理解を得ること」と定義します。説明相手としては，以下のような対象が考えられます（ただし，これらに限りません）：一般市民及び市民団体，マスメディア，自組織内の他部署（例えば，予算担当等），上司，・監査機関（例えば，会計検査院，入札監視委員会等），政治家（議員・政党），司法*

なおこの定義は「結果」や「制裁」について言及していないが，これらについては，面接中において適宜「アカウンタビリティ（説明責任）を果たせなかったらどうなりますか」という形で質問した。

面接においてはまず，アカウンタビリティに対する日常意識と業務への影響，アカウンタビリティの意義・機能・逆機能，ならびにこれらに影響する要因等について，各人の認知と行為に即して述べてもらった。そのうえで，各人が実際にアカウンタビリティを問われた経験に関して，その背景状況，問責者，問責対象，問責理由，果たせなかった場合の影響等について語ってもらった[10]。これらは，Bovens（2006）が示したアカウンタビリティ理解のための各視点，すなわち「誰に」，「誰が（どのような立場で）」，「何について」および「なぜ」の問いに沿ったものである。各インフォーマントは場合により問責者となることもあると考えられるが，本研究ではあくまで答責者の立場としての認知と行為に限定してデータ収集した。なお，Romzek & Dubnick（1987）は統制の源泉が組織内部か外部か，すなわち問責者が答責者組織の内部か外部かでアカウンタビリティの種類を区別しているが，ここではこの問題に深入りしない。そもそも行政機関の内部・外部の区別は相対的なものだからである。例えば議会は行政執行機関から見れば外部であるが，住民からは行政機関内部と見られることもある（山口，1998）。

分析にあたっては修正版グラウンデッド・セオリー・アプローチ（木下，2003）の方法を参照した。すなわち，面接調査の逐語録からRQへの答えを探索するうえでの鍵となるコードを抽出し，コードをカテゴリーに集約した後，カテゴリー間の関係を検討した。

4　日本の行政機関における アカウンタビリティの実態

本節では，分析の結果明らかになった日本の行政機関等のアカウンタビリティの実態について述べる（図3.1）。なお，面接時においてインフォーマントは個人を主語として語ることもあったが，その場合も基本的には，一職員としてではなく組織や部門の代表としてアカウンタビリティを果たそうとしていた。すなわち，観察されたのは個人ではなく組織としてのアカウンタビリティである。

全般的にインフォーマントは，アカウンタビリティを果たすことは公的機関職員として当然の義務と考え，誠意をもって対応している。また，アカウンタビリティを通じた統制に意義を感じている。アカウンタビリティは政策の質を向上させる。すなわち，透明性を高め（D, K, M, P），施策の検証（B, M, P）や改善（E, G, M, P），精緻化（Q）を促す。その結果，より公正な（P），根拠ある（O, P），批判に耐えうる政策（G, M）が立案・選択される。そうして行政機関はその信頼を高めることができる（A, K）。問責者が明確

図 3.1　日本の行政機関のアカウンタビリティの実態

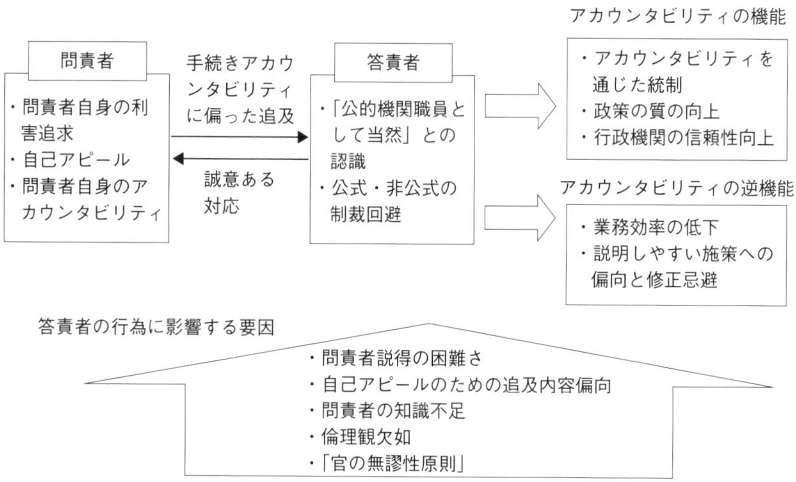

出所：筆者作成。

でない場合においても，いざ問責された場合に適切に説明できるよう，常に政策の検討や想定問答作成等を行う。このように，目に見えない問責者からの追及に対する備えも，アカウンタビリティが機能するうえで重要な役割を果たしている。

一方，彼らは，従来と比してより詳細かつ執拗にアカウンタビリティを追及されるようになったと感じている（G, I, L, P）。特に，2016 年の森友学園問題以降，情報開示請求を含むアカウンタビリティ追及への対応をより強く意識するようになったという（Q）。次項以降では，問責者によるアカウンタビリティの追及，答責者の行為とこれに影響する要因，そしてアカウンタビリティの逆機能について述べる。

4.1　問責者の追及意図

答責者の行為は問責者の追及に影響されるが，そもそも問責者は何を意図してアカウンタビリティを追及するのか。目立ったのは問責者自身の利害のためというものである。例えば，市民が空港騒音問題に関連して当該騒音の妥当性について説明を求めるような場合である（G）。組織再編に関連して職員労働組合が当該施策について説明を求めるのは，組合員の利益を守るためである（A, B, K）。上位組織は下位組織に対して，下位組織の活動が当該上位組織の目的と整合することを求める。例えば国立研究開発法人では，所管官庁からのヒアリングにおいて，研究目的と所管省庁の目標の整合が確認される（H）。

さらに，アカウンタビリティ追及を通じた問責者の自己アピールという意図が存在する場合もある。議員は，議会質問等において行政を追及することで，自らの議員活動と有権者への貢献をアピールする（B, E, Q）。野党は与党を追及することで自らをアピールする（J, Q）。メディア映りを意識した質問も多いという（O）。G氏は，環境問題に関して議員事務所にて国会議員から強く追及されたが，その際，当該議員がその追及姿勢を同席した支持者に誇示しようとしていると感じた。

［G］：「住民の人が困っている，だから，『どうせ，行政はまた悪いことをしているんだろう。私たちが言ってあげるわよ』」という構図ですよね。

このような有権者へのアピールへの偏重は，野党がメディア受け・国民受けするテーマばかりを追及するという問題につながる。

問責者自らのアカウンタビリティを果たすことが追及意図ということもある。追及しないと問責者自身が批判される（D）。そしてそのような批判は，問責者自身の正統性棄損につながると考えられる(11)。このような問責・答責の関係は連鎖する。例えば，組織内会計部門は，会計検査院や入札監視委員会に対するアカウンタビリティを果たすために，原課（現場担当部門）に対して調達手続きに関する説明を求める（P）。さらにその背景には，問責者自らの正統性獲得という意図があると考えられる(12)。

4.2 追及対象：手続きアカウンタビリティに偏った追及

インフォーマントはさまざまな対象についてアカウンタビリティを追及されている。ここでは，アカウンタビリティの対象を，Bovens（2006）の区分，すなわち財政アカウンタビリティ，手続きアカウンタビリティ，および成果アカウンタビリティの3種に区分して検討する。ただし，このうち財政アカウンタビリティに関しては，インフォーマントが直接の会計担当でなかったこともあり，議会における決算審議（A）等を除いてあまり言及されなかった。

成果アカウンタビリティに関しては，組織の中期計画や個別事業について掲げられた成果目標の達成度について追及される（A, C）。研究機関の場合，研究計画の達成度（H）や社会への貢献（F）について説明が求められる。ここで，成果が外的要因の影響を受けやすい，成果指標の設定や測定が困難（C）といった課題も聞かれる。A氏は，生活保護に関して，受給者数削減も受給者の満足度向上も成果指標とすることができないと，もどかしさを感じている。

ただし，成果アカウンタビリティに関する追及は，次に述べる手続きアカウンタビリティと比較して弱い。施策の事後検証を求める声は大きくない（J）。行政評価において成果評価は形ばかりのものになりやすい（P）。国政に関する議論においても結果・成果に対する関心は高くない。

> *[J]：審議会で議論するとき，（過去の施策の）成果とかはあまり聞かれないんですよね。（中略）審議会は，だいたい制度を新しく作るときとかの話をするので，そのときはいろいろ，こんなことをやられたら困るとか，こうすべきじゃないかとかというのは，作るまでは結構議論するんですけれども，その後というのはあまり議論がないんですね。国会も，（そのような議論は）あまりないですよね*(13)*。*

これに関してJ氏は，国会で野党が成果を追及しない理由に関して，国民に関心がないからだろうと述べている。

結局，追及対象は施策の合理性やその実施に至るまでの手続きの適切性に係る手続きアカウンタビリティが中心となる。頻繁に追及されていたのは意思決定上の判断根拠や（O），施策の必要性・合理性である。特に上位政策や過去の決定との整合性が重視される。その対象は，組織体制・人事，予算といった一般的なものから，研究計画といった具体的なものまで幅広い。施策決定や実施プロセスの適切性も頻繁に追及される。そのうち予算に関しては，積算の適切性（B）や予算科目の適正な使用（D, M）が問われる。調達に関しては，調達段階における公平性確保と恣意性排除のため，仕様書や契約内容の妥当性が問われる（A, D, F）。

このように，成果アカウンタビリティ以上に手続きアカウンタビリティが重視される傾向が見られた。

4.3　アカウンタビリティを果たす意図（動機）：制裁の回避

前述のように，日本においてアカウンタビリティは，情報公開法に基づく開示請求への対応を除き，法的義務を伴うような制度ではない（山本, 2013）。そのような中で，問責者からの追及に対し，答責者たる公的機関職員は何を意図して，何に動機付けられてアカウンタビリティを果たそうとするのか。

鍵となるのは，答責者がアカウンタビリティを果たせなかった場合に直面しうる公式・非公式の制裁である（Bovens, 2006）。制裁は，アカウンタビリティを機能させるための装置となっている。答責者は，制裁回避のためにアカウンタビリティを果たそうとするのである。

インフォーマントの経験において実際にアカウンタビリティを果たせなかったという事例は少ない。「もし果たせなかったら」という仮定に限定されることが多い。しかしそのような仮定も答責者の行為に強く影響する。制裁は，刑事罰や行政罰と同様，実際の執行に至らずとも認知されることによって効力を発揮するのである。

具体的な制裁として，第１に，正統性棄損が挙げられる。監査や会計検査における説明について監査・検査機関が納得せず公式な「指摘事項」が発出された場合や，議会において決算が不認定となった場合，これらは組織の正統性の棄損につながりかねない（A, F)。決算不認定はそれ自体によって予算執行停止等の支障が生じるわけではないが，これに伴う正統性棄損は，行政職員として何としても避けたい事態である（A)。

第２に，今後の業務執行に支障が生じる恐れがある。アカウンタビリティを果たせない場合，将来の予算削減等により，計画した施策，例えば研究プロジェクトが円滑に実行できなくなる恐れがある（F, H)。その他，改正条例案の否決による組織目標の未達（B, C)，職員組合のストライキを通じた通常業務の停滞（A)，地権者に対する説明失敗による公共工事の中断（A, B）といった影響が，アカウンタビリティを果たせなかった場合に予想される結果として挙げられている。

第３に，そのような直接的な結果に至らずとも，アカウンタビリティが適切に果たせないと，昨今の国会審議に見られるように，答責者が逃げ切るまで延々と説明対応に忙殺され，通常業務に支障が生じる（A, B, F, G)。

このように，監査指摘事項のような公的処分の場合もその他の非公式な制裁の場合も，アカウンタビリティが果たせないと，組織の正統性が傷つき，さらにはスティグマを押される事態に陥る（A）[(14)]。最悪の場合，組織解体のような深刻な事態に至る恐れがある（J)。

上記は組織レベルでの制裁である。これに加え，個人レベルでの制裁の可能性もある。すなわち，アカウンタビリティを果たすべき立場にある者，例えば組織代表者やプロジェクト責任者が適切にアカウンタビリティを果たせなかった場合，公式な措置ではないものの，当人の評価が下がって処遇上の不利益を受ける恐れもあるという（D, J, N, Q)。

このようにアカウンタビリティを果たせなかった場合，公的機関は，組織および個人レベルにおいてさまざまな制裁を受ける。正統性棄損を含む制裁の回避は，直接言及されてはいないものの，アカウンタビリティを果たす重要な動機となる[(15)]。

4.4　答責者の行為に影響する要因

インフォーマントらは，前項で示したような意図（動機）のもと，アカウンタビリティを果たそうと努めていた。その際，さまざまな要因がその行為に影響していた。すなわち，問責者説得の困難さ，問責者の追及内容の偏向，知識不足および倫理観欠如，ならびに答責者側の「官の無謬性原則」による制約である。

◆問責者説得の困難さ

まず，そもそも問責者を説得することは困難だとの声が聞かれた。具体的な根拠に基づき説明しようとしても問責者の理解を得ることが容易でない場合も多い。例えば，航空安全性向上のための事業に予算が必要といった場合に，根拠に基づく説明を試みても，その予算額が安全上の便益に見合うことを納得してもらうことは困難だという（L）。また，要求性能を満足できる機器を製造できる者が１者しかない場合であっても，１者応札となることについて入札監視委員を納得させるのは困難だという（P）。

異なる利害関係者から矛盾する要求を同時に突き付けられることもある。例えば，労働行政における使用者（財界）と労働者（労働組合）（J），財政安定化を目指す財務省と予算を獲得して自らの政策を推進したい各省庁（J）等である。

このような問責者説得の困難さは，後述する「説明しやすい施策への偏向」につながる。

◆自己アピールのための追及内容の偏向

問責者に関しては，自己アピールのために目立つ箇所ばかり追及するという点が指摘されている。野党やメディアは国民の関心を引きつけるテーマを選ぶ（J）。その際野党は，メディアを通じた国民へのアピールを意識していると，O氏は感じている。

[O]：とにかくマスコミに流して世論として「自分たちは仕事してるんだ」みたいのを見せるとかね，こんなに安倍政権は駄目な，駄目なこんな官僚しかいないんだよ，みたいなのとかね，そういうのをアピールしたい。（中略）でもやっぱりそれがマスコミ受けするし話題になるから，〈野党議員〉さんだって史上最多の得票数を取って再選したりするわけですよね。

その結果，本来重要とは言い難い点，例えば説明の仕方や言葉の選び方（F）等，「重箱の隅ばかりつつく」（D）こととなり，国会においても政策論議にならない（J, O）という。

◆問責者の知識不足

問責者の知識不足も指摘されている。答責者は個別の施策を担当する組織の直接の当事者やその代表であるが，一方の問責者は外部者にすぎず，情報非対称性が存在する。しかし問責者が優位な立場にあることが多く，理解向上のための費用は答責者側が負担することになる。答責者が情報非対称性に乗じるというケースは少ない。D 氏は，航空安全に関する業務発注に関して安全分野の非専門家である入札監視委員に説明した時の感想を以下のように語る。

[D]：安全という言葉も説明の時に何回も出しています。航空の安全につながるんですよというようなことは何回も強調したつもりなんだけれども，それだけだとなかなか理解してもらえない。

こうした問責者の知識不足を補うため，答責者は説明に相当な労力を費やすことになり，業務効率が低下する。

◆問責者の倫理観の欠如

さらに，問責者の倫理観欠如（山本，2013）と過激な姿勢も指摘される。

中央省庁にて組織・人事を担当していたＤ氏は，野党議員から深夜に呼び出され，組織構成人員の予算措置の根拠について厳しく追及された。追及目的は，国会質問における与党追及の材料を得ることであった。地方自治体勤務のＡ氏は，職員給与に対して一般市民からクレームまがいの追及を受けるという。これに対して納得できる形で説明することは困難である。答責者の誤謬を誘うために問責者が「鎌をかける」こともあるが，その場合も答責者は耐えるしかない。

[O]：何でもありだからね。向こう（野党）が偉いんだから。「何で鎌かけるんだよ」なんて言えないからね。

また，そもそも問責者側に理解しようという姿勢が欠如することもあるという（F, O, Q)。説明を得ることではなく追及を通じた答責者攻撃や自己アピールが目的であるような場合である。

なお，追及の過激化の背景として，SNS（social networking service）等，インターネットによる社会の匿名化が挙げられている（M, O, P)。SNS を通じて個人が匿名で追及するのに加え，そのような匿名の投稿が議会での審議においても引用される。例としてＰ氏は，「保育園落ちた日本死ね」という匿名ブログを発端とした国会での議論を挙げている[16]。

説明内容をメディアがバイアスをかけて発信するケースもあるという（J, Q)。

[J]：あまり好意的なことはないですね。中立的にちゃんと制度を紹介しようという意思はないですね。（中略）彼らに何かストーリーがあるので，そのストーリーに沿って聞かれるんですかね。

メディア取材を受けた結果，当初の取材趣旨とは異なる文脈の内容のみを切り取られて記事にされたＪ氏は，内容証明郵便で抗議文を送ったという。

経済的な私利追求のためという場合もある。この場合，説明を引き出すことが目的ではないのである。例えば，空港周辺の騒音に関して地元住民に説明を求められたケースにおいてG氏は，補助金獲得が目的だと感じたという。

このような倫理観の欠如した問責を避けるためにも，説明しやすい施策への偏向が生じる。

◆答責者の行為を制約する「官の無謬性原則」

答責者側にも，自らの行為を制約する要因が存在する[(17)]。答責者たる行政機関職員は，アカウンタビリティを果たすうえで「官の無謬性原則」に制約される。「行政機関およびその構成員たる公務員は決して間違いを犯さない，犯してはならない」という暗黙の前提である。このため，前任者の決定を批判することはない（N）。過去における組織の意思決定について「間違っていた」，「失敗した」とは言えない（A）。このため事後検証を通じた改善も生じづらい。政策は，改善の余地がないほど最初から完全なものでなければならないからである（N）。

この原則のもと，行政はリスク回避を指向し，また，いったん実行した施策について修正を忌避するようになる（後述）。この点は，成果評価とアカウンタビリティを通じた改善というNPMの理念実現の妨げとなっているといえよう。

4.5 アカウンタビリティの逆機能

アカウンタビリティは逆機能も内包する。具体的には，業務効率の低下，および説明しやすい政策への偏向と修正忌避である。

◆業務効率の低下

アカウンタビリティの直接的な負の影響としての業務効率低下は，第1に，説明行為のための準備への忙殺という形で現れる。M氏は大量の想定問答の作成に労力を割くという。F氏は，研究プロジェクトに関して，小規模プロジェクトの計画についても大規模プロジェクトと同様の説明が求められ，説明準備を強いられていると感じている。このため，研究そのものに費やせる時間が減少してきているという（H）。G 氏は，恣意的な追及に対する説明準備に労力を費やすことは問題だと感じている。

［G］：説明責任（アカウンタビリティ）を求める人の思惑，背景によって，どす黒いというか，何か怪しいものもある（こともある）。それまでも全部対応するのか。もしくは，ずっとその人が長引かせる，納得しないと言ってやったときに，ずっとそれを貴重なリソースをその人に何時間もこうやるというのは，行政上も問題ですよね。そこのところを，例えば，調停なり何なりがちゃんとジャッジメントをするというか，「もういい加減にして下さい」というふうにやるようなもの（仕組み）も必要じゃないかな。

◆説明しやすい施策への偏向と修正忌避

アカウンタビリティへの追及が強まると，答責者は，問責者を意識し（P），「説明しやすい施策」を選択するようになる。その選択が最善とは限らないとは理解しつつも（O），これによってアカウンタビリティ追及を回避できるからである。この傾向は，説明困難な施策を避け，「チャレンジしない」，「リスクを避ける」組織文化につながる（A, B, J）。

また，行政は「官の無謬性原則」に縛られ，間違いを犯すことが許されない（A, L）。答責者は常に正しいことを求められ（P），間違いを犯さないようリスクを避けた意思決定がなされる。リスクを含む斬新な政策を立案しようとしても，説明を通じた根回しやフィードバック反映を通じて，結局は「角の取れた政策」になってしまう（M）。

説明しやすさへの偏向は，決定済み方針への固執（修正忌避）も生じさせる（H, I）。修正を行う場合，修正後の方針と当初方針との間での整合性や修正理由についてアカウンタビリティを追及される可能性が生じるためである。

5　考察

前節のとおり，公的機関職員は，さまざまな問責者からの追及に対してアカウンタビリティを果たそうとしていた。アカウンタビリティは一定の機能を果たしており，その重要性も認識されていた。一方でその逆機能の実態も明らかになった。本節では特に，アカウンタビリティの過剰負担，手続きアカウンタビリティの偏重，および説明しやすい施策への偏向といった逆機能に関して，先行研究の知見と比較しながら考察する。またそれらの発生要因として，問責者の優位性およびメディアの姿勢について論じる。

5.1　アカウンタビリティの過剰負担

答責者らはアカウンタビリティの意義を認識する一方で，以下のような逆機能も認識していた。第1に，アカウンタビリティに伴う過剰負担である。大量の想定問答作成等，アカウンタビリティを果たすために相当のリソースが費されている。特に，問責者の追及が恣意的なものである場合は顕著である。このように分析結果は，アカウンタビリティが行政機関の現場に過剰負担を強いてその効率性を損いうるという先行研究（Bovens et al., 2008；Chan & Karim, 2012；Radin, 2011）の主張を支持している。

5.2　手続きアカウンタビリティの偏重

問責者による追及は，財政・成果の両アカウンタビリティ以上に，手続きアカウンタビリティに偏っていた。日本では，成果を上げること以上に適切な手続きを踏むことが重視されるのである。この点は，成果アカウンタビリティ追及が強化されているという Bovens（2007），Jos & Tompkins（2004）および Page（2004）の主張ではなく，手続き（公正）アカウンタビリティ偏重が生じているという Behn（2001）の主張を支持する結果となっている。

本書が注目する「一般競争入札の適用拡大」や「1者応札の回避」も，手続きアカウンタビリティ偏重の表れであり，公共調達分野において成果よりも手続き適切性や透明性が優先されるという Sorte（2016）の主張に沿うものとなっている。問責者は，調達の成果，すなわち調達した物品，サービス等の品質やその社会的インパクトよりも，外部から見た調達手続きの公平性や透明性を要求するのである。新聞紙上においても，頻繁に追及されるのは，選挙活動資金の支出の他，「桜を見る会問題」（2019年）における招待者決定プロセスや関連公文書管理，「森友学園問題」（2016年）における国有地売却価格算定等，手続き適切性に関するものが目立つ。内閣総理大臣が大臣任命責任を問われる場合も，大臣の職務成果に対して問われることは少ない。

手続きアカウンタビリティ偏重の理由として以下が挙げられる。第1に，成果に対する問責者の無関心である。政治家やメディア，そして背後にいる国民も成果にあまり関心を払わない。J氏は，国会や審議会においても成果は問われず，その理由として成果への国民の無関心を挙げている。制度上も，自治体の決算否決は直接的な影響を及ぼさない（A）。ただし一般市民に関していえば，成果に関する無関心は，情報入手の困難さや，公表資料を読み解くリテラシーの不足に起因している可能性がある（山谷，2020）。

第2に，「官の無謬性原則」，すなわち，行政は間違わないという暗黙の前提の存在である。この前提のもとでは，成果の事後検証という発想自体が生じにくい。成果を事後的に検証するということは，「成果を向上させる余地がある」，すなわち「成果に関して施策が不完全なこともある」ということを認めることになるからである（N）。

第3に，公共セクターにおける成果測定の困難さである（Behn, 2001；Rainey et al., 1976；Romzek, 1998；Van Thiel & Leeuw, 2002；Welch & Wong, 2001）。公共政策は，その目的や評価基準が複雑，多様かつ不明瞭である（Rainey et al., 1976）。社会福祉政策の場合，直接的なアウトプット（例えば予算消化）は測定できても，そのアウトカム（当該政策が公共の福祉を改善した程度）に関しては，その指標に対する合意形成も実際の測定も困難である（C）。また，成果は景気といった外的要因にも影響される。ところで，Romzek（2000）や山本（2013）は，成果アカウンタビリティが重視される理由として，成果の測定が他の指標の測定よりも容易だという点を挙げている。しかし実際は，手続き適切性，例えば規則の遵守や公平性といった評価項目の方が外部からの監視・追及が容易な場合も多いのではないか。例えば公共調達においては，調達した役務等のアウトカムよりも調達手続きにおける公正性の方が監視しやすく，ゆえに後者が重視されると考えられる。手続き適切性は追及容易なのである（Behn, 2001）。

このように日本においては，成果アカウンタビリティ以上に手続きアカウンタビリティが重視されている。行政評価等の制度はあっても，評価は形骸化する傾向にある（P）。そもそも計画当初から達成容易なゴールが設定されがちである（B）。なお，今回の調査では調査対象者の特性もあり財政アカウンタビリティに関する発話は見当たらなかったが，行政機関職員の行動への影響という点では，手続きアカウンタビリティこそが職員の行動の最大の規定因であり，諸課題発生の背景要因となっているといえるのではないか。このような「成果より手続き」という現状を考慮すれば，NPMの柱の1つである成果評価を通じた統制（Norman & Gregory, 2003）が日本の行政に十分に浸透したとはいえないだろう。

5.3　説明しやすい施策への偏向

第3に，アカウンタビリティへの要求強化に従い，アカウンタビリティを果たすことが困難な施策が回避され，「説明しやすい施策」が選択されやすくなる（A, L, M, O）。

この「説明しやすい施策への偏向」が生じるメカニズムは以下のとおりである。一般競争入札等，外部から分かりやすい調達方式の適用（O）は，手続き適切性に関するアカウンタビリティを重視した結果選択された，「説明しやすい施策」である。たとえ最適と考えられる業者があっても，その選定についてアカウンタビリティを果たすことが困難な随意契約は回避される。成果アカウンタビリティへの要求も，確実に達成可能な目標の設定を助長している（B）。すなわち，成果の達成・確認が容易な施策が選択される傾向が強まる。特に，アカウンタビリティを果たせなかった場合の制裁（4.3項参照）を強く意識する場合には，制裁を恐れ説明しやすい施策をあらかじめ選択する傾向が一層強まるであろう。

先行研究は，成果アカウンタビリティに関して，達成しやすいゴールが選択され（Jos & Tompkins, 2004），測定しやすい成果指標が強調される（Romzek, 2000）と述べている。これに対し本章の分析結果は，「説明しやすい施策への偏向」が，一般競争入札適用拡大等，手続きアカウンタビリティに関しても生じていることを示している。

日本においてはさらに，以下の2点が説明しやすい施策への偏向を助長する。第1に，「官の無謬性原則」による修正の忌避である。「官の無謬性原則」とは，「行政は間違いを犯してはならず，間違うことを想定してはならない」という，行政の世界において広く共有される考え方をいう。この原則のもとでは，施策決定における誤謬を認めその原因を追究・説明することが困難になる。そもそも行政機関職員は，承認された計画からの逸脱が公共の利益にかなうような場合であっても，そのような逸脱に逆インセンティブを持つとされるが（Halachmi, 2002），官の無謬性原則は，そのような修正忌避傾向を一層強めるといえよう。第2に，次項で述べる問責者の優位性である。問責者の優位性は，問責者を説得してアカウンタビリティを果たすことを一層困難にする。そのような状況を回避するため，答責者は最初から「説明しやすい施策」を選択しようとする。

そして説明しやすさへの誘惑は，職員がチャレンジしなくなる（A, C, J）といった弊害を生じさせる。これは，アカウンタビリティ追及の結果，公務員が無難な選択に流れ，委縮し（湯浅，2014），創造的・挑戦的行動が阻害される（Bovens et al., 2008）という先行研究の主張と整合する。公共調達分野における一般競争入札の適用拡大は，その結末はさておき，手続きアカウンタビリティに関する追及回避という観点からは，当事者にとってまさに無難な選択であったといえよう。

5.4　問責者の優位性

先行研究においては，問責者よりも答責者が有意な立場にあるとの指摘がある。例えば山本（2013）は，日本において答責者たる政府・行政機関が問責者たる国民より優位にあると述べ，その理由として，答責者が達成すべき成果や果たすべき責任が不明確だという点を挙げている。また，一般市民に関して言えば，情報とリテラシーの不足（山谷，2020）が影響力不足を招きうる。

しかし，これら先行研究の主張と異なり，今回調査対象となった答責者は，自らよりも問責者が優位にあると認識していた。この問責者の優位性の発生要因として以下が考えられる。第1に，4.4項で述べた問責者説得の困難さである。そもそも答責者の談話能力の限界から，問責者を完全に納得させるような説明は困難である（Messner, 2009）。特に日本においてアカウンタビリティの範囲は説明に加え問責者を説得し承認を得ることまでを含むようになり（興津，2014；山本，2013），アカウンタビリティを果たすことは一層困難になった。一般市民側の情報入手の困難さやリテラシー不足（山谷，2020）は，必ずしも答責者の優位につながっていない。情報公開法制においても，アカウンタビリティ問責者たる開示請求者の権利保護が重視され，その権利濫用防止は二の次となっている（井上，2017）。これらの点から，説得に至ってアカウンタビリティを果たせるか否かは主に問責者側に委ねられる。4.5項でG氏が述べていたように，問責者は，恣意的になればいつまでも承認を保留できるのである。

第2に，問責者に対する答責者のリソース依存である（Pfeffer & Salancik, 1978）。すべてのケースに該当するわけではないが，問責者は答責者にとって不可欠なリソースを握っていることが多い。研究者は，たとえ研究計画承認権限を持つ幹部を説得しないことには研究に着手できない（F）。行政も議会に予算を握られている。

第3に，インターネットによる社会の匿名化である。インターネットの持つ匿名性ゆえ，問責者は，答責者からは見えない形で答責者を厳しく追及することができる。西尾（2001）は，行政機関がアカウンタビリティを果たすうえでのインターネットの効用を説いているが，その影響は多面的なものだといえよう。

5.5　メディアの姿勢

メディアの姿勢はどうか。インフォーマントは，問責者としてのメディアとその背後にいる国民や野党を強く意識していたが，野党やメディアは国民の関心を呼ぶテーマを選ぶ（J）。その際野党はメディアやSNSを通じたアピールを意識していると，O氏は感じている。そのうえで，メディアは国民の関心を引くため，自らの意図に従って国民の関心を引くテーマを選び（J），バイアスのかかった記事を書くことがあると指摘される（J, O, Q）。また，答責者の説明を理解しようとの姿勢が欠如することもある（O, Q）。これらの結果は，メディアにおけるバイアス（山本，2013）や煽情的報道（山谷，2020）の存在を裏付けるものである。ところで，情報公開の観点から井上（2017）は問責者の権利濫用の問題を指摘しているが，本章の結果は，類似の問題が，情報公開制度だけでなくメディアの姿勢においても生じていることを示すものである。

メディアは，アカウンタビリティを通じた統治メカニズム発動の起点として重要な役割を担っている（Reichersdorfer, Christensen, & Vrangbaek, 2013）。また，一般市民は，その投票行動等の判断根拠となる情報源をメディアに依存している（Romzek, 2014）。これらの点を考慮すれば，メディアの姿勢の在り方は改めて問われるべきであろう。

6　小括

本章では，日本の行政機関等におけるアカウンタビリティの実態を，主に答責者の認知と行為の観点から検討した。その際，問責者による追及に注目した。先行研究（例えば，Dubnick, 2014；山谷 2006, 2020；山本，2013）が指摘するように，答責者や問責者が「説明責任」と見なしていたものは，本来のアカウンタビリティが目指すものとは一部異なるものかもしれない。しかし，法的義務もない中で（山本，2013），実際に公的機関職員の行為を規定しているのは，アカウンタビリティに関する彼らの認知だと考えられる。日本のアカウンタビリティは，まさに文化的現象（Dubnick, 2014）の側面が強いといえるだろう[(18)]。

以下，本節においては，本章の研究の理論的貢献と限界についてまとめる。また，次章への導入として，アカウンタビリティと正統性の関係について述べる。なお，実践的含意については，他章の内容との関連が深いため，最終章にて包括的に提示する。

6.1 理論的貢献

本章は，公的機関職員に対する面接調査を通じて，日本の行政機関のアカウンタビリティの実態の一端を明らかにした。その新奇性は，日本のアカウンタビリティに関して答責者の認知に基づき経験的に検討した点，特に，答責者の行為に影響し弊害発生の背景となる要因として，問責者によるアカウンタビリティの追及に着目した点にある。

理論的貢献は以下のとおりである。第1に，日本において成果アカウンタビリティよりも手続きアカウンタビリティが重視される実態を，答責者の認知に基づきエンピリカルに示した。この結果は，Romzek（2000）や Jos & Tompkins（2004），Page（2004）ではなく，Behn（2001）の主張を支持するものとなっている。成果および財政の両アカウンタビリティが無視されているわけではない。行政評価等，成果を評価する制度も存在する。しかしながら分析結果は，答責者が手続きアカウンタビリティについて強く追及され，これを優先するような行為を選択していることを示している。具体的にいえば，「自らの行為の適切性について説明すること」，そして「アカウンタビリティ追及の回避が容易な行為を選択すること」が，重要な行動原理となっている。第2章では，特殊案件に対して随意契約ではなく，一般競争入札を適用すると1者応札という結果につながりやすいことを示した。にもかかわらず，一般競争入札という原則に固執するのは，手続きアカウンタビリティ偏重の結果である。随意契約は，その選択に対して手続きアカウンタビリティを果たすことが困難なため，回避されるのである。

第２に，手続きアカウンタビリティ偏重の実態に関して，成果に対する問責者の無関心，「官の無謬性原則」の存在，および公共セクターにおける成果測定の困難さが，その原因となっていると指摘した。このように本章の研究は，アカウンタビリティ要素間の優先順位とその背景に関する理解を深めるものである。

第３に，問責者と答責者の優位関係について，先行研究（例えば，山本，2013）と異なり，少なくとも答責者の認知においては答責者よりも問責者が優位にある実態を明らかにした。公共調達の分野においても，一般競争入札適用拡大を求めるようなメディア等の問責者の立場が優位である。また，問責者の優位性の源泉として，問責者説得の困難さ，リソース依存関係の存在，およびインターネットによる社会の匿名化の影響を指摘した。このように本章は問責者と答責者の間の関係性に関する理解を深めるものである。

第４に，「説明しやすい施策への偏向」すなわちアカウンタビリティを果たしやすい施策への偏向が，成果アカウンタビリティに対してだけでなく，一般競争入札適用拡大のように，手続きアカウンタビリティに関しても生じることを明らかにした。先行研究は，達成しやすいゴールの設定（Jos & Tompkins, 2004）や測定しやすい成果指標（Romzek, 2000）のように，成果アカウンタビリティに関する説明しやすさへの偏向に言及している。一方，本章は，手続きアカウンタビリティの領域においても同様の傾向が生じていることを示した。また，日本において一般競争入札のような説明しやすい施策への偏向を助長する要因として，問責者の優位性と「官の無謬性原則」の影響を指摘した。この点は，説明しやすい施策への偏向（Jos & Tompkins, 2004；Romzek, 2000）の発生メカニズムの理解を深めるものである。

6.2　本章の限界

しかし本章の研究は限界も抱える。第１に，収集したデータはきわめて多様な公的機関のうちのごく一部に過ぎない。理論的サンプリング（Glaser & Strauss, 1967）の考え方を踏襲してインフォーマントを選定し，広範なデータ収集に努めた。しかし，行政機関職員が果たすべきアカウンタビリティは多様であり，置かれた立場，状況等によって異なる。本章はあくまで，アカウンタビリティの実態のほんの一部を観察したにすぎない。今後，異なる状況や異種の組織に関するデータに基づき本章の主張を検証すべきである。第2に，答責者の回想的データに依存している。このため，さまざまな認知バイアスも混入しうる。追加的データ収集や，アカウンタビリティの効果および逆機能（忙殺時間，成果低下等）の客観的測定に基づく定量分析を通じて，結果を検証すべきである。第3に，データは基本的に答責者側から収集したものである。データの妥当性を確認するため，問責者側にも調査を行うべきである。

6.3　アカウンタビリティから正統性へ

本章は，行政機関を含む日本の公的機関が，メディア等の外部者（問責者）からアカウンタビリティを追及され，これに応えようとする姿を明らかにした。職員の立場は，問責者の強い優位性のもと，非常に厳しいものであった。問責者側に倫理観が欠如していると感じられるような場合でも，基本的にはその追及を受け止め，アカウンタビリティを果たそうとしていた。

ではなぜ行政機関は，情報公開法の文脈を除き法的義務でないにもかかわらず，アカウンタビリティを果たそうとするのか。行政の原理原則からいえば，「強制的に税金を徴収しているから」ということになろう（山本，2013）。一方，当事者レベルでいえば，「アカウンタビリティを果たせなかった時の制裁（Bovens, 2006）を回避するため」という側面が加わる。制裁には組織の正統性棄損が含まれる。正統性棄損の回避は，アカウンタビリティを果たす動機となっていると考えられる[(19)]。例えば4.3項にて示したように，決算不認定は行政機関の正統性棄損につながる。最悪の場合，正統性棄損は組織解体という事態を招きかねない。行政機関はこのような事態を回避しようとする。

このように，組織がアカウンタビリティを果たそうとする意図を新制度派組織論の主張に基づき説明すれば，「アカウンタビリティを果たすことを通じて正統性を獲得するため」ということになる（Ashforth & Gibbs, 1990；

Elsbach, 1994)。特に行政機関にとって，適切にアカウンタビリティを果たすことは，正統性を獲得するうえで重要である（粕谷・高橋，2015）。また，正統性は外部者の評価判断に基づいて形成されるが（例えば，Castelló, Etter, & Nielsen, 2016；Jonsson, Greve, & Fujiwara-Greve, 2009），アカウンタビリティも，自らの行為に対する外部者理解を得ることを目指すものである（Bovens, 2007）。このように，アカウンタビリティと正統性は，外部者の評価に媒介され強く結びついている。

アカウンタビリティや説明（account）は，新制度派組織論において，しばしば言及される。例えば，Meyer & Rowan（1977）は，制度化された要素（組織構造等）を取り込むことによって組織は自らの活動に対してアカウンタビリティを果たすことが可能となり，外部から自身を守ることができると述べている。Elsbach（1994）は，食品安全，人体健康，環境等に関して批判を受けた際の，アメリカ畜産業界の行動に関する検討を行っている。その結果，行為についてアカウンタビリティを果たすことが，さまざまな外部ステークホルダー（メディア，政治家，バイヤー，教育機関）から見た畜産業界の正統性評価を高めたと述べている。

そもそもアカウンタビリティの仕組みは，不祥事等の望ましくない状況を改善するための方策として開発された（Romzek, 1998）。自らの不祥事について非難を受ける組織にとって，アカウンタビリティを果たすことは，その正統性再獲得のための方策の１つなのである。

ただし，行政機関職員が「正統性」の語を用いることはほぼない。この点は，彼らが頻繁に「説明責任」に言及するのとは対照的である。すなわち，アカウンタビリティが行政機関の「直接的行動原理」であるのに対し，正統性は，アカウンタビリティの深層にある無意識の「根源的行動原理」だといえる（図 1.1）。この「根源的行動原理」の探究こそが重要だと，筆者は考える。そこで次章では，分析レベルをアカウンタビリティから一段深め，行政機関による正統性獲得行動と，その「意図せざる結果」（Merton, 1936）について検討する。

（1） 本書の主な検討対象は行政機関であるが，本章においては，日本のアカウンタビリティの実態に関するデータをより広範に収集するため，行政機関（国，地方自治体）に加え，国立研究開発法人，国立大学法人等，その他の公的機関に調査対象を広げている。なお，得られたデータに所属組織間で顕著な相違は見られなかった。

（2） 日本において accountability はしばしば「説明責任」と訳されるが，その際に内容が変質したと指摘される。すなわち，「関係者に事情を説明する」という意味の矮小化（山本，2013）や，「説明しさえすればよい」という答責者側のモラルハザード（山谷，2006）につながったといわれる。また，「説明責任」が，もっともらしいが実は意味不明のバズワード的に使われているとも指摘される（山谷，2020）。このように訳語の問題は重要な検討課題ではあるが，本書はこれに深入りしない。翻訳に伴うニュアンス変化の影響を否定はしないものの，アカウンタビリティの意味内容の拡張・不明瞭性増大は，世界的現象でもある（Dubnick, 2014；Pollitt & Hupe, 2011）。また，訳語以上に，法令上の明確な定義の欠如（山本，2013）が，意味内容に係る混乱により強く影響していると考える。そこで，訳語の問題が強調されることを避けるため，本書では原則として「アカウンタビリティ」の語を用い，特に区別する必要がある場合や面接中の発話，引用元の文献等にて使用されている場合のみ「説明責任」と表記する。

（3） アカウンタビリティに係る詳細な議論は以下の文献を参照されたい。山本（2013）は，アカウンタビリティについて，その起源や機能，ならびに日本におけるアカウンタビリティと日本版「説明責任」との関係等につき，多面的に検討している。山谷（2006）は，アカウンタビリティを政策評価の観点から論じている。

（4） 行政施策の成果は，直接の実績（アウトプット）およびこれが問責者の期待に応える程度（アウトカム）という 2 つの側面から把握される。例えば，高速道路の建設総延長はアウトプット，これによる渋滞の緩和はアウトカムである。無論，行政にとって本質的に重要なのはアウトカムである。Bovens et al.（2014）は両者に関するアカウンタビリティを区別しているが，本書では，特段の必要がない限りこれらを区別していない。両者は密接に関連しあっており，政策評価において両者を組み合わせて測定・評価したり（Curristine, 2005），5.2 項にて C 氏が述べるように，アウトカム測定の困難さゆえにアウトプットで代用することも多いからである。

（5） 公共調達における発注官庁の監査・検査機関として，例えば，会計検査院や入札監視委員会等が挙げられる。

（6） NPM とは，民間企業の経営原理を取り込むような行政管理の方法をいう。その基本的要素は，成果志向，顧客志向，現場への権限移譲，競争原理の導入等である（上山，2004）。

（7） 一般競争入札を含む調達者選定方式については，第 2 章の脚注 1 参照。

（8）「今後の経済財政運営及び経済社会の構造改革に関する基本方針」（平成 13 年 6 月

26日付　閣議決定）

（9）　本書を執筆している2021年7月時点においても状況に変化はない。一方，井上（2017）は，情報公開法（行政機関の保有する情報の公開に関する法律）第1条のいう「政府の有するその諸活動を国民に説明する責務」こそがアカウンタビリティであると，情報公開法制の観点から述べている。確かに情報公開はアカウンタビリティの重要な一側面ではあるが，しかし，当該法のみによってアカウンタビリティが適切に法制度化されたと言い切ることはできないだろう。

（10）　このデータ収集方法はクリティカルインシデント法（Flanagan, 1954）を参考にしている。

（11）　正統性に関しては第1章2.2項および第4章第2節参照。

（12）　このような問責・答責関係の連鎖については第6章第4節にて論じる。

（13）　発話データ中，（　）は筆者が補った箇所を，〈　〉は匿名性保持のため筆者が言い換えた箇所を示す。

（14）　組織のスティグマ（烙印：stigma）に関しては，第1章2.3項および第5章第2節参照。

（15）　制裁回避に関しては，手塚（2010）の議論が有用な示唆を与えてくれる。すなわち，行政の意思決定は常に，作為過誤（すべきでなかったのにした）のリスクおよび不作為過誤（すべきだったのにしなかった）のリスクを伴う。しかし両者の同時回避は困難であるため，行政はそれらの間で「過誤回避のディレンマ（ジレンマ）」に直面する。そして，行政による過誤回避の指向性は両リスクの衡量により規定されるという。一方，作為・不作為の意思決定に対してアカウンタビリティを果たせなかった場合の制裁は，これらリスクの重要要素となる。ゆえに，作為・不作為各々に対する「説明しやすさ」の衡量は，制裁リスク回避の観点から，行政の意思決定に影響する。実際，面接調査においてA氏は不作為に対してもアカウンタビリティが求められると述べていたが，この例は，アカウンタビリティへの認識が，ある施策を「行わない」ことの選択にも影響することを示唆している。

（16）「保育園落ちた日本死ね」は本来，匿名ブロガーの言葉であるが，2016年2月29日の衆議院予算委員会において民主党の山尾志桜里議員がこれを取り上げ，子育て支援策と待機児童問題に関して政権を追及した。その結果，この言葉が「ユーキャン新語・流行語大賞」にトップテン入りしたが，その受賞者は匿名ブロガーではなく山尾議員であった。

出所：匿名ブログ（URL：https://anond.hatelabo.jp/20160215171759, accessed 2020.12.20）

　予算委員会議事録（第190回国会　予算委員会　第17号（平成28年2月29日（月曜日））議事録（http://www.shugiin.go.jp/internet/itdb_kaigirokua.nsf/html/kaigirokua/001819020160229017.htm, accessed 2020.12.20）

ユーキャン　新語・流行語大賞　第33回　2016年　授賞語（https://www.jiyu.co.jp/singo/index.php?eid=00033, accessed 2020.12.30）

(17)　ここでは，「官の無謬性原則」を答責者たる行政機関側の要因として整理した。しかし，「誤りは認めない，誤りの修正・改善はありえない」との考えに問責者が囚われているならば，問責者側の課題と見ることもできる。

(18)　この「文化的現象としてのアカウンタビリティ」（Dubnick, 2014）こそが日本版「説明責任」の正体であるという理解も可能ではないだろうか。

(19)　さらには問責者も，アカウンタビリティ追及しないことに対する批判と正統性棄損を恐れる（4.1項）。すなわち問責者も自らの正統性のためにアカウンタビリティを追及するといえる。この点については第6章第4節にてさらに論じる。

第 4 章

Legitimacy-seeking behavior of public administration

行政機関の正統性獲得行動
―外部者圧力と組織内部メカニズム―

1 はじめに

公共セクターにおいてアカウンタビリティは，行政機関等による法令・手続き遵守促進と不正・職権乱用抑止，国民による統制のための機会の提供，成果監視を通じた行政機関等の活動成果向上と継続的改善の促進といった機能を果たす（Willems & Van Dooren, 2011）。とはいえ各組織やその職員が，日々このような機能や社会的意義を直接意識してアカウンタビリティを果たそうとしているというわけではない。むしろ各組織やその成員にとって重要なのは，前章で見たように，アカウンタビリティを果たせなかった時の制裁（Bovens, 2006）を回避し，アカウンタビリティを通じて外部者による評価を高め，自らの正統性を獲得することである（Ashforth & Gibbs, 1990；Elsbach, 1994）。本章は，組織によるそのような正統性獲得行動と，その「意図せざる結果（unanticipated consequence）」（Merton, 1936）をさらに探求する。

そもそも組織が存続し続けるためには正統性が必要である（Meyer & Rowan, 1977）。正統性は，組織活動に必要なリソースの獲得において必要とされる（Deephouse & Suchman, 2008；Hamilton, 2006；Meyer & Rowan, 1977）。逆に，不祥事等によって社会的な非難を浴びた際には，損なった正統性の再獲得が必要となる。

組織が正統性再獲得のために取り得る戦略には，受動的に外部の求めに応じる適応戦略と，能動的に自らにとって有利な方向へ外部の認知を修正しようとする働きかけ（操作）戦略とがある（Oliver, 1991）[(1)]。例えば，黙従（acquiescence）は適応戦略の代表例である。一方，働きかけ戦略では，影響力行使（インフルエンス：influence）を通じた外部圧力・評価の操作（manipulation）等を行う（Oliver, 1991）[(2)]。前者の方が容易に見えるが，外部の要請に応じることが常に思いどおりの結果につながるとは限らない。例えば組織は，適応戦略によって社会からの要請に応じた結果，かえってより深刻な別の問題を引き起こし，さらなる批判を浴びることもある。

本章は，このような新たな問題を引き起こすような戦略を選択してしまう組織内部の意思決定メカニズムの解明を目指す。RQ は以下のとおりである：

> *組織は，不祥事発生等に際して損なった正統性を取り戻すために外部の要請に適応し，それがかえって別の問題を生じさせることがある。そのような問題発生の組織内部メカニズムはどのようなものか。*

題材は，日本の公共調達制度改革の事例である。この事例では，省庁が談合等に対する批判に応えるために改善策を取った結果，別の問題が生じてしまった。このように組織は，新たな問題が発生する恐れに薄々気付いていてもなお，自らの正しさを外部に働きかけるのではなく，近視眼的な適応戦略を選択してしまうことがある。それはなぜなのであろうか。本章はこの問題に焦点を当てる。特に組織内部メカニズムに注目する。

以下，次節にて問題設定を示した後，第 3 節で事例の概要を，また第 4 節で研究方法を説明する。その上で第 5 節にて事例分析を行い，第 6 節にて考察を示す。そして最終節にて本章の理論的貢献と限界を示す。なお，実践的含意については，最終章にて他章の内容と統合する形で示す。

2　理論的背景：正統性

冒頭にも述べたように，本章の研究の出発点は，組織はその存続に必要なリソースを獲得するうえで正統性を必要とするということにある（Deephouse & Suchman, 2008；Hamilton, 2006；Meyer & Rowan, 1977）。民間企業においても，正統性は，従業員や資本，顧客といったリソースの獲得において重要である（Zott & Huy, 2007）。例えば，環境マネジメントシステムに係る ISO14001 認証取得は，正統性獲得を通じたリソース獲得の側面がある（Boiral, 2007）。このような姿勢がエスカレートすると，本来の目的を軽視し見せかけを重視したシンボリック行動(3)にもつながる（Ashforth & Gibbs, 1990；Zott & Huy, 2007）。

本章は，組織が，不祥事発生等の結果として社会的な非難を受けた際に，損なわれた正統性を取り戻そうとして取る行為に焦点を当てる。正統性とは，「受容，適切さ，または／および，望ましさに関する社会的判断」をいう（Zimmerman & Zeitz, 2002, p.416，筆者訳出）。Scott（1995，2014）によれば，正統性には3つの柱（pillar）がある。すなわち規制的（regulative）正統性は，対象が適法である場合に付与される。規範的（normative）正統性は，対象が価値や規範に適合する場合に付与される。そして文化認知的（cultural-cognitive）正統性は，対象が自明視（taken-for-granted）される，すなわち「当然のもの」であるとの理解が共有される場合に付与される。

正統性は，新制度派組織論における最も重要なテーマの1つとして位置付けられてきた（Tost, 2011）。しかしながらその扱いは時代とともに変化してきた。そこで最初に，制度と組織の間の能動的・受動的な関係に関する議論を中心に新制度派組織論の潮流を概観する。

新制度派組織論は，（1）創始期（foundation：1977～1983年），（2）初期（early years：1983～1991年），（3）拡大期（expanding horizon：1991～2007年）の3段階の発展の歴史をたどってきた（Greenwood, Oliver, Suddaby & Sahlin-Andersson, 2008）[(4)]。新制度組織論の概念的基礎は，1970年代に始まる（1）創始期において，Meyer & Rowan（1977）やDiMaggio & Powell（1983）らの研究によって築かれた（Greenwood et al., 2008）。創始期の論文の特徴は，組織を，制度に対して受動的な存在だと考えたことにあった。本書はこうした考え方を「受動的組織観」と呼ぶ。それ以前の一般的な組織論の前提には，組織や経営者は合理的に環境に適応しようとするものだという考え方があった。これに対し，Meyer & Rowan（1977）は，一般に合理的だと考えられてきた官僚制組織に対しても，それが合理的であるからという理由ではなく，実は合理化された神話（rationalized myth）であるがゆえに普及したと主張した。これは革新的な主張であった。またDiMaggio & Powell（1983）は，組織が合理的に環境に適応するからではなく，組織が合理化された神話を追及する結果として，同型化（isomorphism）が生じると論じた。すなわち組織は，正統性を追求した結果，示し合わせたわけでもないのに類似の構造を取るようになる。このように，組織は合理性以上に正統性に従うという主張は，創始期の論文の大きな貢献であった。一方でこれらの論文は，組織は制度を容認しこれを受け入れる受動的な存在であるという発想をもっていた。

その後，(2) 初期の段階に入ると，この受動的組織観に対する反省が生まれ，組織を，制度を構築・変革し，望ましい制度を選択する，あるいは制度から逸脱しうるような能動的な存在と見なす研究が現れた。このような立場を本書では「能動的組織観」と呼ぶ。DiMaggio (1988) は考えを改め，組織の利害 (interest) を想定した理論構築が必要だと論じた。この時期以降には，受動的組織観だけでなく能動的組織観に基づく研究も増加していった。

続く (3) 拡大期には，研究関心が拡大されるとともに理論の構造化も進められていった (Greenwood et al., 2008)。この時期，受動的組織観に基づく研究は，各概念の精緻化をいっそう推し進めた。例えばSuchman (1995) は，正統性の類型化を詳細に検討した。一方で，能動的組織観に基づく研究としては，Zimmermann & Zeitz (2002) がある。これは正統性獲得を組織にとっての資源獲得戦略と位置付け，その方法として適応・選択・操作および創造があると述べている。この考え方に基づくならば，組織は制度に戦略的に働きかけるものと把握される。

またこの時期には，制度変化に関する研究が増加する傾向も見られたが，受動的組織観と能動的組織観各々に基づく研究で主張の力点が異なっていた。受動的組織観に基づく研究では，Clemens & Cook (1999) が，制度変化は組織フィールド外部で起こると述べている。この考え方に基づけば，組織はあくまで制度の影響を一方的に被るだけの存在である。一方，能動的組織観に基づく研究では，Leblebici, Salancik, Copay, & King (1991) が，組織フィールド周辺部に位置する組織が制度変化の起点になると主張している。この考え方によれば，組織こそが制度を変化させる要因になる。

Oliver (1991) は，制度的環境への適応圧力に対して組織が採るべき行動を，黙従，妥協，回避，拒否，操作に分類して，それらが有効となる条件を明らかにした。同論文は，どういった場合にどのような戦略を選択すべきかは，圧力の理由・内容・手段，関係者の構成および文脈に依存するとの仮説を示し，文脈を構成する要素として不確実性および相互関連性を挙げている。そのうえで同論文は，組織はこれらの諸要因を考慮して戦略を選択すべきだと主張している。同様の視点から，適応戦略と働きかけ戦略の選択に影響する要因に関して Scherer, Palazzo, & Seidl（2013）は，適応に伴う自らの変革のコストと働きかけの有効性に言及している。同論文は，相対的に変革コストが小さい場合には適応戦略を，逆の場合には働きかけ戦略を選択することが有効だと主張する。確かにこうした要因の発見は重要な研究成果であるが，これらの研究は理論的推論であって，経験的に実証されたものではなかった。

この時期には，もう1つ重要な新しい研究の潮流が現れている。これは，基本的には能動的組織観の立場に立ちつつも，同時に組織による諸行動の問題点や困難さを指摘するものであり，組織の陥る悪循環に注目している。例えば Ashforth & Gibbs（1990）は以下のように主張している。不祥事等の危機に際して損なった正統性を取り戻そうとするにあたり，組織は，非倫理的・高圧的かつ感受性の低い行動や，教条主義的又は逃避的な行動，あるいは，自己防衛のための誇大な演出に走ってしまいがちである。同論文は，正統性獲得のための行動がさらなる正統性低下を招く悪循環を生むということを，理論的考察に基づき述べている。この考え方によれば，組織は制度から一方的に影響を受けるだけの存在ではないが，制度をその意図どおりに変えたり，制度に意図どおりうまく対応できたりするとは限らないのである。

本書は，組織が陥る悪循環に注目する際に，Ashforth & Gibbs（1990）に加え，佐藤（2010）の問題提起を参照している。同論文は，正統性獲得行動が実務に及ぼす影響を経験的に考察したうえで，「正当性獲得行動のジレンマ」を提起している[(5)]。この語は，組織が危機の際に正統性獲得のために外部の求める問題解決方法を積極的に採用すると，その意図せざる結果（Merton, 1936）として新たな問題が生じてしまうというジレンマを指している。これもまた1つの悪循環の例である。

佐藤（2010）は，悪循環の開始時に目を向ける。同論文は，組織内部で考える解決策と，制度としての外部の求める解決策が異なる理由には，組織内外での情報非対称性，すなわち，不祥事発生原因に関する組織内外での見解の相違があると論じている。同論文が取り上げている損害保険会社で生じた不祥事の事例においては，組織外部は業務管理の不徹底を，組織内部は顧客とのコミュニケーション不足を，それぞれ問題の原因と考えていた。同論文は，その乖離こそが悪循環の出発点であると考えている。さらに同論文によれば，正統性は組織に対する外部者の認識によって形成されるため，組織は，不祥事を起こした際に，外部から認識しやすい対応を採ろうとする。例えば，組織改編，チェック強化，説明不足解消，社員教育等はその努力が外部から見えやすい。その結果，事前には意図していなかった業務過多等の新たな問題が生じるというのである。こうした組織内外の主体の見解の相違や，外部にどう見せるかという内部者の意識に着目した同論文の指摘は非常に鋭いものといえる。

しかしながら，それでもなお同論文は，外部の求める改善策が新たな問題発生につながると予期しながら，なぜ組織内部はそのような改善策を採用してしまうのか，その原因を必ずしも明らかにしていない。すなわち，適応戦略選択に至った組織内部の要因が論じられていないのである。本章は，それこそが最も注目しなければならない点だと考える。これにより，「意図せざる結果」（Merton, 1936）の発生メカニズムに関する理解を深め，より有用な実践的含意を示すことができると考えるからである。

結論を先取りすれば，そこには組織内部における情報非対称性や，正統性獲得という点で立場が弱い部門の沈黙があった。その具体的な事例を，以下では日本の公共調達制度改革のプロセスの中に見ていく。

3　日本の公共調達と一般競争入札の絶対視

本章は，日本の公共調達において生じた一連の問題と，それらに対して発注官庁が採った対応を事例としている。この事例を選択した理由は，これが，ある行政組織が，後で別の新しい問題が発生すると薄々予期しつつも，外部の求めに応じて適応戦略を採用した典型例の１つだからである。この事例の詳細を関係者への面接調査に基づき明らかにしていくことで，重要な意思決定に関する組織内部のメカニズムの解明が可能となる。先行研究では組織内外での見解の相違が注目されていたが，本章は組織内部の部門間に見解の相違が存在している例を取り上げる。結論を先取りすれば，この公共調達の事例においては，組織が外部環境から強いアカウンタビリティ追及圧力を受ける場合，正統性獲得の名のもとで，組織内部で調達プロセスの公平性や透明性を強調する部門が優位に立ち，実効性を重視する部門がアカウンタビリティを追及されて沈黙することになる[(6)]。その結果，安易な戦略への合意が生じてしまうのである。

日本の公共調達の沿革と実情に関しては第2章第2節を参照されたい。本章のテーマとの関連でいえば，ポイントは，公平性や透明性の欠如が疑われる指名競争入札や随意契約に代わり，より公平かつ透明なものとされる一般競争入札が絶対視され，その適用が拡大されていったことにある[(7)]。すなわち，1990年代以降の公共調達制度改革は，指名競争入札や随意契約がさまざまな問題の温床になっているとの指摘を受けて，調達方式を原則としてすべて一般競争入札に切り替えるというものであった。その中で本章は，2000年代後半以降の「例外なき一般競争入札適用」において発注官庁が取った一連の対応と，これにより生じた意図せざる結果を取り上げる。

4 方法

本章においては，各組織における公共調達関連事務の実態に関するデータを収集し，その分析を行った。主たるデータは，各種2次資料，新聞記事および面接データである。2次資料としては，法令・通達等の公式文書，政府報道発表資料，各種委員会・審議会資料，および，省庁ウェブサイト等において公開されている情報を活用した。新聞記事は，世論と相互作用する存在であるという観点から，正統性に関する先行研究において，有効なデータソースとして利用されてきた（例えば，Patriotta, Gond, & Schultz, 2011）。さらに，公共調達に関わるさまざまな組織の担当者に対して面接調査を実施した。制度の運用に関する内実については，2次資料や新聞記事から知ることが困難なためである。

インフォーマントの所属組織は，発注官庁（原課および管理部門），応札者（民間企業および省庁所管法人），大学および弁護士事務所（外部委員）であり，その人数は最終的に24名に上った。内訳は，原課10名（A01～A10），発注原課と管理部門の中間組織1名（B01），管理部門4名（C01～C04），外部委員5名（D01～D05），応札者4名（E01～E04）であった。これらのインフォーマントは，Y省（仮称）の調達案件の受発注者，あるいは同省の調達案件に影響を及ぼしうる外部委員会の委員経験者であった。Y省を選択した理由は，Y省がわが国の中央省庁の中でも発注量の多い省庁の1つであり，豊富な2次データが入手可能なためである。ただし，本章が取り上げた事例は同省固有のものではなく，他省庁においても同様の状況が生じていると推察される。

調査は，2015年6月から2015年8月の間に半構造化面接の形で行われた。この中で先方の希望によりフォーカスグループ形式によったものが計5件あった（2名に対する面接4件および3名に対する面接1件）。面接時間は合計約13時間となった。また面接に加え，文書やメールにても追加回答を得た（計約3,700字）。

得られたデータは，修正版グラウンデッド・セオリー・アプローチ（木下，2003）に準じて分析された。分析手順は以下のとおりである。(1) 面接データからトランスクリプトを作成した。(2) トランスクリプト中の発話データから分析目的に関連しそうな箇所を抽出，共通の「概念」（キーワード）のもとに集約し，概念毎に「分析ワークシート」を作成した。(3) 発話データと分析ワークシートを比較しながら概念の生成を続けた。既出の概念に関連するデータを発見した場合は，当該データを関連するワークシートに追記した。(4) 得られた概念群をKJ法により整理統合した。この時，一般性がないと判断された概念は棄却し，ある概念候補が他の概念に含まれると判断した場合には適宜吸収統合した。(5) 上記のような作業を，これ以上の概念が見当たらないと判断されるまで継続した。なお，グラウンデッド・セオリー・アプローチは，正統性に係る先行研究においても使用されている（例えばElsbach, 1994）。

以下では，事実を詳しく記述しながら，データが示唆する情報を活かして事実の背後にある問題構造を明らかにしていきたい。

5　事例研究：公共調達制度改革における問題の連鎖

以下の事例では，なぜ組織が，別の新たな問題を生じさせてしまうような適応戦略を採用してしまうのかが説明される。事例の結論を先取りするならば，このとき発注官庁であるY省の組織内部には，管理部門と原課（発注案件を直接担当する現場部門）の間で問題に関する見解の相違があった。同時に，組織外部の一般社会からアカウンタビリティを追及する圧力があり，この圧力を背景として，結果的に原課が管理部門に従う形で，Y省の組織は適応戦略に向かっていったのである(8)。以下では事例に基づきその過程の詳細を見る。

5.1　第1の意図せざる結果：一般競争入札適用拡大に伴う1者応札案件の増加

前述のとおり，日本の公共調達においては1990年代以降，不公平性や不透明性が疑われる指名競争入札や随意契約に代え，より公平かつ透明とされる一般競争入札の適用が拡大されていった。しかし，この「例外なき一般競争入札適用拡大」は，新たな問題を生じさせることになった。

まず，問題連鎖の第1段階では，より公平かつ透明な競争を目指した一般競争入札の適用拡大が，期待されたような多くの業者の参入につながらず，逆に競争入札にもかかわらず，1者（社）しか応札しないという「1者応札案件」が増加した。1者応札に関しては第2章2.2項においてすでに触れたが，ここで改めて，1者応札案件が増加した経緯や政府の対応等について説明したい。1者応札が最初に問題視され，公の場で議論されたのは，公正取引委員会主管の「公共調達における改革の取組・推進に関する検討会」第3回会合（2008年1月30日）であったと考えられる(9)。当該検討会報告書（公正取引委員会事務総局，2008）は，一般競争入札への移行に伴って，1者応札案件が増加した理由として以下の4点を挙げている。すなわち，(1) 指名競争入札時代における応札への義務感からの解放，(2) 事業者による応札案件の取捨選択，(3) 発注者が設定する予定価格が低すぎる可能性，(4) 入札情報収集のためのコスト負担等である。同報告書は，これらの理由から，指名競争入札から一般競争入札への移行がただちに応札者増加につながらなかったと論じている。

この1者応札状態を，受発注者以外の第三者は，指名競争入札や随意契約と同様に不透明であり，望ましくないものと批判した。2008年の国土交通省主管の公正入札調査会議では，少数者応札解消を求める意見が述べられている[(10)]。会計検査院も，1者応札の場合の平均落札率が2者以上応札の場合を上回っていると，平成19年度決算検査報告（2008年11月7日付）で指摘した（会計検査院, 2008）。この報告は，随意契約から競争契約等に移行した結果として1者応札となっている契約等の中には，競争性確保に関して検討の必要があったものが含まれると指摘している。さらに会計検査院は，翌平成20年度決算検査報告（2009年11月11日付）において，1者応札は高コストにつながると明確に指摘した（会計検査院，2009）[(11)]。同様に総務省も2008年12月，「契約の適正な執行に関する行政評価・監査報告書」の中で，1者応札状態解消に向けた応札条件の見直しや1者応札契約に関する情報等の提供を勧告した（総務省行政評価局，2008）。2009年5月の第171回通常国会においては，民主党議員から，1者応札で落札率100％となっている案件に関して，その理由や是非を問う質問がなされている[(12)]。

なかでも公益法人による1者応札は，民主党政権下の「事業仕分け」において追及の対象となった[(13)]。さらに同時期，「年金記録問題」に関連して，2008年度に社会保険庁が締結した契約のうち1者応札の割合が前年度より増加したとの指摘が会計検査院によってなされた[(14)]。このように公益法人や社会保険庁が関与した問題の文脈で1者応札が論じられたことは，1者応札に対する一般社会の関心を集め，かつ否定的な印象を定着させた[(15)]。

このような世論の風向きの中で，政府は，1者応札を調達コスト高の原因と位置付けるようになった。こうした中，1者応札について「随意契約の適正化の一層の推進について」（公共調達の適正化に関する関係省庁連絡会議，2007）は，「競争的手続きに移行したのに，特定の者以外が事実上満たすことのできない条件を設定し，結果として特定の者とのみ契約を交わしている」，「競争が行われない結果，調達コストの増嵩を招いている」と厳しく指摘している。こうして総務省は「契約の適正な執行に関する行政評価・監査報告書」（2008 年 12 月）の中で 1 者応札状態解消を勧告し（総務省行政評価局，2008），これに従い各省は 1 者応札解消を目指すこととなった[16]。

各官庁の入札監視委員会も，公的には 1 者応札は望ましくないとの立場にあり，1 者応札案件に関する審議は入札監視委員会の正式な役割と位置付けられている[17]。この頃から現在に至るまで，委員会席上において 1 者応札案件が頻繁に審議されている。例えば環境省入札委員会の場合，2007 年度から 2014 年度の間の定例会議において審議された 25 件の案件中 12 件が 1 者応札に関するものであった。以上のように，外部の第三者は総じて，1 者応札は大きな問題であると考えてきた。

一方で現在に至るまで，公共調達の当事者においては 1 者応札を是認する声が根強い[18]。なぜならば第 1 に，関係者は一様に，現実問題として一般競争入札に移行したからといって，直ちに応札者が増えるわけではないと考えている。すなわち，市場規模の小ささ，業務の特殊性・専門性，新規業務参入のための投資（特に関係特殊投資）の必要性，新規分野参入リスク等の理由により，応札者は自ずと限定されるとの主張である。Y 省において各種調査を発注する立場にある A01 氏は，そもそも特殊業務は遂行可能な業者が限られると語っている。

［A01］（原課）：専門性ですよね。ほかにそういう業種，市場があまりない。すごく狭い市場，そこでものすごく高いスキルが求められるというか専門性が求められるところなので。だからなかなか参入者ってのは（増えない）。市場の拡大というものがあまり見込めない[19]。

第 2 に，たとえ結果として 1 者応札が生じていたとしても調達手続き自体は妥当との考え方もある。すなわち，公の場で入札公告をかけている以上，公平性・透明性は保たれており，結果的に1者応札となったとしても先行投資を含めた応札行為以前での潜在的競争が存在するとの主張である。このような主張は一部の外部委員にも見られた。

［D05］（外部委員）：そういう（潜在的競争の）中でもう自分は勝てないということがある。例えば10社応募したいんだけど，9社が勝てないと思って，最初から離脱しちゃってる状態ってのは，ある意味事前に競争があるわけですよね。で，結果的に表面的に1者しかいないんで。そういう場合は問題視すべきじゃないでしょと。

このように，実際に発注事務を行う原課等，当事者の間では1社応札に関して肯定的な意見が主流であった。しかしながら政府は引き続き1者応札を問題視し続けた。

5.2　第2の意図せざる結果：競争参加資格の緩和と不適格業者の参入

各省庁は，この時期以降，応札者増加に向けた取り組みを推進していった。例えば，国土交通省は，1者応札案件について応札者を増やすため，応募要件の緩和，準備期間の確保，情報提供の拡充，ホームページ等での発注情報公開拡大等の方策を講じることとした[20]。

これらの方策のうち，発注時期分散や発注計画事前公表は，関係者から高く評価された。その一方で，技術者要件や企業業務経験といった競争参加資格の過度な緩和は，後述するような不適格業者参入という問題の原因となるものであり，発注原課や応札者によって問題視されていた。

［E01］（応札者）：順序がおかしくて。複数者（応札）にするためにハードルを下げている。そうではなくて，ハードルはちゃ

んときちっと守って，結果的に1者だったというだけのことであって，それが複数者でないのは，さっき言ったように，投資をする会社がないというところが理由ですよね。

下記C01氏の発話は，1者応札への対応が，発注官庁自身の問題認識に由来するものではなく，組織外部を意識したものであったことを示している。

［C01］（管理部門）：相当今は厳しく問われますので。それこそ10年20年前であれば，またいろんな状況もあったかもしれないですけど。今は全て，第三者の方が訊かれたときに，何で1者（応札）になってるんですか，おかしいんじゃないですか，と言われたときに，それに対して説明しなくちゃいけないです。

この発話からは，管理部門が，自らの施策に関する外部への説明を避けて通ることはできないと考えていたことが分かる。

そして，応札者であるE02氏が「これ以上緩めようがないほど」と表現するほど競争参加資格の緩和が行われた結果，必要な経験や技術を持たない不適格業者の参入という新たな問題が生じた。

［A10］（原課）：正直なところ，（競争参加資格が）あまりに間口を広げるような書きぶりになったがために，最終的な成果として，当初想定した通りの成果が得られない，あるいは，100望んでいたのに50くらいしか得られないようなケースもゼロではない。

［E02］（応札者）：（不適格業者が受注するようなことは？）ありますよ。（中略）（そういう業者だと）やっぱりアウトプットはそれなりのものにしかならないので，お客さんの担当の方が自分で後始末するって形にはなりますよね。

［C01］（管理部門）：原則，一般競争（入札）で何でもかんでもじゃあ一般競争でしたって，ふたを開けて実際やってみると，能力もなければ，出来あがったものもこんなもんしかできないんですかというところもありますよね。

［A01］（原課）：報告は求められるので，そのためには自分たちも（受注者を）援助することはありますし，お尻も叩くこともある。こちらの想定としては工期的に間に合うだろう，仕様書でもしっかり伝えて。ですが，業者がなかなか作業を開始していなくて，複数回お尻を叩いたにもかかわらず，一向に上がらない。

しかし，このような状態であっても，当該業者を契約不履行として処分し次回の入札から締め出すことは難しい。この点をA10氏は責任問題の観点から語っている。

［A10］（原課）：（不十分な成果品に対して契約不履行として業者を処分することは）非常に難しいですね。そこはハードルが高い。（中略）元々契約不履行になる可能性のある会社と契約したこと自体がけしからんという話にされちゃうと，契約担当者もできないんですよね。責任逃れじゃないのかといわれるかもしれないけど，皆やはりそうなっちゃう。

このように，Y省では原課担当者も管理部門も，問題の存在を認識していたが，それを公にすることにはためらいがあった。また，土木工事等と異なり，調査案件の場合，履行遅れや品質問題が生じても外部機関からの観察は難しかった。こうした理由から組織内外において情報が非対称な状態となっていたにもかかわらず，外部機関は，自らの要請が意図せず新たな問題発生につながったことに気付かぬまま，1者応札問題のみを指摘し続けた。一方，外部機関からの要請が1社応札解消であり続ける以上，発注官庁も競争参加資格緩和の方針を破棄することができなかった。

不適格業者の参入はまた，適格業者の投資意欲減退という別の問題を引き起こした。応札者，特に関係特殊的な案件に関して必要な投資を行ってきた業者は，競争参加資格の過度な緩和は本末転倒であり，公正ではないと認識していた。

[E04]（応札者／元原課）：やはりトップ走って他の社より強いというのがいちばんのインセンティブ。これがダメだって言われると難しいですよね。オンリーワンはダメだと言われると。

応札者の間には，将来の受注計画立案が困難になり，長期的な視点での投資や採用活動が困難になっているという声もあった。さらに，適格業者が市場から退出し「悪貨が良貨を駆逐する」現象が生じかねないと危惧されていた。

5.3　部門間における見解の相違と正統性獲得の圧力

不適格業者の参入は競争参加資格の過度な緩和に起因するものであった。新たな問題につながる，この競争参加資格緩和という「改善策」が選択・徹底されるに至った主な原因は，発注官庁内での管理部門と原課の見解の相違と，その力関係における管理部門の優位にあった。原課は自らの業務遂行のために発注案件の確実な完遂を志向するが，一方で管理部門は，適正な職務遂行の事実を外部に対して説明することを重視していた。そこで管理部門は，不適格業者の参入の可能性を薄々認識しながら（前項における C01 氏の第 2 の発話参照），外部機関の要請への適応，すなわち 1 者応札解消を志向し（前項における C01 氏の第 1 の発話参照），そのため原課に対して競争参加資格緩和を求め続けた。

[A01]（原課）：（競争参加資格緩和を管理部門から求められる？）ええ。（管理部門にとって）一番回避したいのが 1 者応札なので。

［D04］（外部委員）：まあ〈管理部門〉は，1者応札はやはり避けたいとは言いますよね。だから現場に対して，我々が言うように，要件を緩和しろとかいろいろ要求してるんだと思いますけどね。

案件発注には競争参加資格に関する管理部門の了承が必要になる。しかし原課と管理部門の間で見解が相違する場合，原課が管理部門を説得することは極めて難しい。管理部門は，仮に案件発注に至らなくても直接的な不利益を受けないからである。

［A10］（原課）：モノによっては日本では本当にこれを100％できるのはこの会社しかないでしょうというようなニッチなものもあったりするんですが。（中略）いくら説明しても「それは，その担当者が思っているだけなんでしょ」という風に思われてしまう。そこは客観性を証明することが難しくて。

結果として下記A10氏の発話にあるように，管理部門が主張した方向へと改善策の自己目的化傾向が強化される形となった。本来，複数応札者の確保は，競争性や透明性の確保といった目的達成のための手段に過ぎない。しかし1者応札が問題視され，ひとたびその解消を目指して進み始めると，複数応札者を確保すること自体が最終目的にように扱われるようになった。その際，方策の実効性に関する検証もなされなかった。

［A10］（原課）：受ける指摘は何かというと，1者応札になっているかどうかという話になるので。突き詰めると。最終的には，数字で例えば，1者応札の契約が何件あったんだとか，そういう数字の出し方をする。

さらに，複数者応札状態の創出が自己目的化した結果，応札意思のない業者に対して発注者から形式的な応札を呼びかけるという不適切な状況が生じかねないと懸念されている。

［E04］（応札者／元原課）：*例えば1者入札だめだっていうと，じゃあほかの者も集めて複数者にしようかと，それだったら1者応札だめだけど（これは複数なので）いいっていう，そういった方向に流れてくると，かえって別な方向かなと思いますよね。*

このように外部へのアカウンタビリティを重視し，手続きの公平性・透明性を強調する管理部門と，実際の発注案件の円滑な遂行と実効性を重視する原課の間で見解が相違していた。しかしながら結果的には，管理部門の掲げる正統性確保のための方策が原課の意見を圧することとなり，組織全体として薄々は問題があることを認識しつつも，競争参加資格の過度な緩和に至ってしまったのであった。この時，なぜ原課は，自らの見解の実効性を管理部門に断固主張し，組織内部で，あるいは組織外部に向けて働きかけ戦略を採ることができなかったのだろうか。次項では，そこには原課に課されたアカウンタビリティがあり，原課がそれを果たすことを断念した経緯が説明される。

5.4 アカウンタビリティ追及圧力がもたらす問題の連鎖

前述のとおり，発注官庁は，1者応札状態解消に向けた方策を講じるよう外部機関からの要請を受けていた。会計検査院による決算検査報告，総務省行政監察官勧告，外部委員会の指摘等である。ここでさらに，官庁等に対して説明を求める一般社会からの圧力が問題発生を助長していた。すなわち，原課担当者および管理部門担当者はいずれも，自らの行為に対する説明を常に求められ，同時に，要求される説明の水準が高まり，結果としてアカウンタビリティを果たすことがより困難になっていると感じていた（5.2項におけるC01氏の第1の発話参照）。

要求される説明の水準が上がるにつれ原課担当者は，品質確保を志向し不適格業者参入を懸念しつつも，自身が必要と考える競争参加資格を堅持し1者応札状態を容認することに伴うアカウンタビリティを果たすことは困難と考えるようになった。その結果，原課は，そのような過度なアカウンタビリティを果たすことを断念し，説明不要な手続きである一般競争入札適用や競争参加資格緩和を承諾せざるを得ないとの考え方に傾いていった。

[E04]（応札者／元原課）：（本来は随意契約可能だけどそのためには説明が必要で，説明責任（アカウンタビリティ）を避けるために一般競争にする？）そうなんですよ。担当者も随意契約にするために汗水流すかっていうと，じゃあ（そこまでせずに）一般競争にってなっちゃうんでしょうね。

[A10]（原課）：本当にそれ（競争参加資格緩和）が国民が望む形であったら，それは，公僕ですから淡々とやりますけど。結果的に，それを優先させるがために本来得るべきものが得られないというのは本末転倒なんじゃないかという疑念は常に付きまとう。

前述のとおりY省は，談合事件等の組織の危機に際し，一般競争入札拡大や競争参加資格の緩和を行った。関係者の発話が示すように，これらの方策は，正統性を再獲得するための適応戦略として組織外部を意識して採用されたものであり，Ashforth & Gibbs（1990）のいう，正統性獲得のための教条主義的・自己防衛的行動であった。しかしながらその結果，不適格業者参入という新たな問題が生じ，正統性獲得行動のジレンマ（佐藤，2010）に陥る結果となった。そこには先に示したように，不適格業者参入という問題の発生に関して，組織内外において情報非対称性が存在していた。この点は，組織内外での情報非対称性が問題発生の要因になっているという佐藤（2010）の考察を支持している。

さらにこの事例では，管理部門と原課の間にも現場の実務をめぐる情報量の差とそれに基づく見解の相違があった。公平性と透明性を強調する管理部門は，正統性獲得という旗印ゆえに，実効性を重視する原課よりも力関係で優位にあり，かつ外部の圧力に晒される点で公平性・透明性の確保に力を入れずにはいられなかった。一方，原課は，そうした管理部門の置かれた状況を認識しつつも，案件発注の際の実効性の点で競争参加資格の緩和に疑問を感じていた。しかしながら，外部からの強いアカウンタビリティ追及圧力の中で，1者応札状態や厳格な競争参加資格を弁護するための説明を行い外部者を説得することは非常に困難である。そのため原課は，管理部門を説得することができず，働きかけ戦略を断念し，適応戦略を採ることになったのである。以上のように正統性獲得行動は，組織外部と組織の関係を規定すると同時に，組織内部の部門間の見解の対立に対しても大きな影響を及ぼすのである。

6　考察：問題発生のメカニズム

分析の結果，新たな問題を生み出す競争参加資格緩和という適応戦略選択に至った要因として，組織内における見解の相違，および，一般社会からのアカウンタビリティ追及圧力の存在が明らかにされた。また，そうした状況下で，当事者がどのような思考をめぐらした結果，新たな問題を生み出すような戦略を組織が選択したのかが明らかになった。以下，本節では，明らかになった問題発生のメカニズムを示す（図 4.1 参照）。

まず第1段階として，公共調達の公平性・透明性を確保するために，発注官庁は，外部機関からの要請に応じる形で，指名競争入札や随意契約に代えて一般競争適用範囲を拡大した。アカウンタビリティの観点からいえば，この方針は，手続きアカウンタビリティ（Bovens, 2006）を果たすためということになる。しかしながらその結果，外部の期待とは反対に，先に説明したようなさまざまな事情から業者は応札を断念するようになってしまった。こうして競争入札であるにもかかわらず，1者（1社）しか応札しない「1者応札案件」が増加するという新たな問題が発生した。

これに対し，第2段階として入札監視委員会等の外部機関は，透明性や競

図 4.1　公共調達制度改革における問題発生プロセス

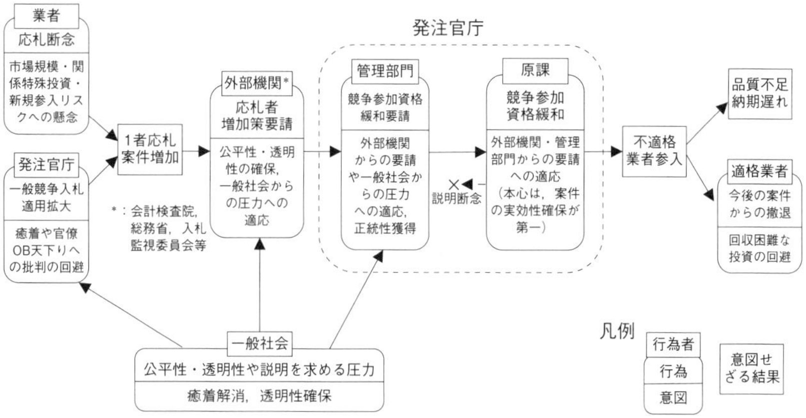

出所：筆者作成。

争性確保のために応札者増加策を要請し，発注官庁は競争参加資格緩和等の措置を講じた。これも，公平性や透明性といった公共調達手続きの適切性に係る手続きアカウンタビリティ（Bovens, 2006）重視の結果である。しかしその結果，今度は不適格業者の参入という新たな問題が発生し，皮肉なことに発注官庁がまた頭を抱える事態が生じた。

ここで，発注官庁内部において，外部機関の要請や社会圧力への適応を志向する管理部門と業務成果を重視する原課の間で見解が相違していた。結果的には，管理部門の見解に従って組織全体として適応戦略が選択された。そのメカニズムは以下のとおりである。

管理部門は，外部からの矢面に立つ立場として，1者応札状態を解消せよという外部機関からの要請に是が非でも応えなければなかった。そこで同部門は原課に対して，競争参加資格の緩和を求めた。この状況に対して原課には2つの選択肢があった。1つは案件固有の特性や調達手続きの適切性を管理部門に説明して納得してもらう，すなわち粘り強く手続きアカウンタビリティを果たすという方法である。原課が必要と考える競争参加資格の適切性を説明することができれば，管理部門に屈することなく，そのような競争参加資格を堅持することができたはずである。これも1つの正統性獲得手段である（Patriotta, et al., 2011；Scherer et al., 2013）。もう1つは単に管理部門の意見に従う，すなわち厳しくアカウンタビリティを追及されるような状況を回避することであった。

しかし，管理部門を前にして原課の立場は弱かった。管理部門は，自らの意図（発注事務の公平性・透明性の確保を通じた，外部機関からの要請や一般社会からの圧力への適応）に沿った方策を原課に要請した。このとき，原課担当者がそれに対して反論し説得を試みても，管理部門は外部から見た組織全体の正統性を盾にしてそれを論破することができた。しかも管理部門は発注対象案件の実施に関与しておらず，原課の説得に応じることに直接的なインセンティブを有していなかった。原課は，管理部門の掲げる正統性獲得の手前，自らの本心（案件の実効性確保）に沿った方策を取り下げ，管理部門の方針に屈せざるを得ない状況に追い込まれた。このような状況から管理部門の力が原課の抵抗を上回り，原課は，不適切業者の参入を許すような競争参加資格の設定を受け入れてしまったのである。このように，外部からの正統性獲得という旗印が組織内部の部門間のパワー関係に強く影響することが分かる。

また，一般社会からのアカウンタビリティ，特に手続きアカウンタビリティへの要求が高まると，上記のように何らかの公平性・透明性確保の努力を外部にアピールせねばならなくなるのと同時に，一般向けのより平易な説明が必要になる点も見逃せない。第3章で明らかになったように，現代日本においては外部問責者の優位性が顕著である。アカウンタビリティ追及圧力が高まると，組織外の機関や組織内の管理部門も，原課等に対してより詳細かつ平易な説明を求めるようになった。なぜなら，外部機関や管理部門から一般社会に説明がなされる際には，原課からの説明がその元となるからである。その結果，原課が1者応札の妥当性を他者に理解させるためには，以前と比較にならないほど詳細かつ平易な説明が要求されるようになった。そこで原課は，このような困難なアカウンタビリティを果たすことを断念し，競争参加資格緩和を通じて複数者応札状態を導出せざるを得ないと判断するようになった。後者の方策ならば，説明がなくとも他者は納得してくれるからである。そしてついに原課は，品質低下等の問題が生じた場合には自らその責任を負わなければならないと知りながら，もはや他の方策を選択することは困難だと考えるに至った。こうして，発注案件の実効性が犠牲にされつつ，説明不要な方策が組織全体として採用されることとなった。すなわちここでも，組織の正統性を維持するうえで，アカウンタビリティを厳しく追及されるような状況の回避，そして第3章5.3項にて述べた「説明しやすい施策への偏向」が生じたのである。

7 小括

7.1 発見事実と理論的貢献

本章は，組織が正統性を獲得しようとする際に外部への働きかけ戦略を断念して，新たな問題を生み出す適応戦略を選択するに至る組織内部メカニズムの一端を明らかにした。すなわち，適応戦略の選択は，管理部門と原課の間における見解の相違があった際に，正統性獲得の名のもと，結果的に前者が後者を従わせることによって生じた。アカウンタビリティを通じた正統性獲得のための「一般競争入札適用拡大」や「1者応札回避」を掲げる管理部門に，原課は，最終的には黙従してしまったのである。

またこのようなメカニズムの背景要因として，一般社会からのアカウンタビリティ追及圧力が問題発生を助長している点を明らかにした。公共調達の公平性・透明性に対するアカウンタビリティを求める外部圧力が高まる中で，当事者，特に管理部門は公平性・透明性をアピールして外部からの正統性を得ることが，ますます重要であると考えるようになり，実効性の立場からそれに異を唱える原課も，最終的にはその立場に同意して，自らの意見を差し控えるようになっていったのである。

最後に本章の貢献をまとめておきたい。Scherer et al.（2013）は，適応戦略と働きかけ戦略の選択に影響する要因として両戦略のコストの大小関係を挙げていた。本章はそれに加えて，一般社会からのアカウンタビリティ追及圧力が，説明を通じた働きかけに要するコストを相対的に引き上げ，組織を適応戦略に導くことを明らかにした。また組織内で部門間に見解の相違がある際に，正統性獲得を掲げる部門が相対的な力を得たり，説明を求められる部門が組織内外への働きかけを断念したりすることも明らかになった。本章の理論的貢献は，アカウンタビリティ追及圧力が組織の正統性獲得行動に及ぼす影響を発見したことにある。これは戦略に要するコストと戦略選択の間の関係に関する Scherer et al.（2013）の仮説を経験的に実証・補完するものである。なお，現代日本におけるアカウンタビリティ追及圧力の高まり（第３章参照）を考えれば，アカウンタビリティを果たすためのコストは一層増大し，アカウンタビリティ回避が可能な適応戦略を選択する傾向は一層強まると考えられる。

また，Oliver（1991）は，外部圧力に対する戦略選択に影響する文脈要因として不確実性と相互関連性を挙げていたが，本章は新たな要素としてアカウンタビリティ追及圧力の影響を指摘した。さらに本章は，従来の正統性獲得行動のジレンマ（佐藤，2010）が外部要請に応じる適応戦略の選択に注目していたのに対して，組織内部においても正統性獲得行動が部門間の力関係に影響を与えることを指摘した。この発見は，正統性獲得行動のジレンマについての考察を深めるものである。

7.2　本章の限界：ミクロ分析（本章）からマクロ分析（次章）へ

本章の限界としては，この事例がＹ省のみのデータに依存している点が挙げられる。前節までに見たプロセスはＹ省以外の組織，特に政府機関においてもあてはまることが想定されており，実際に類似の問題が生じている[(21)]。しかし，本章の結果が行政機関に広く当てはまることを確認するうえで，定量分析を通じたマクロ的検討の実施が望まれる。そこで次章では，行政機関による正統性獲得行動（より正確にはスティグマ対処行動）を，統計分析によって検討することとする。

（1） 戦略は明確にいずれかに分類可能というわけでなく，中間型も存在する。なお，Oliver（1991）は制度的圧力への反応として他に回避（avoidance），拒否（defiance）等を挙げているが，これらは正統性獲得戦略とはいい難く，本書のもう1つのテーマであるアカウンタビリティ果たすことにもつながらないため，本書では深く議論しない。また，Bundy & Pfarrer（2015）は組織危機に際しての組織の反応には適応的反応と防御的反応があるとしているが，それらのうち防御的反応から回避，拒否等を除いたものが正統性再獲得のための働きかけ戦略といえる。

（2） 公共調達においては，例えば，1者応札案件是正を求める外部からの要請に対する適応戦略として，要請に基づく応札者増加策実行が挙げられる。一方，働きかけ戦略には，状況に関する丁寧な説明を通じた外部者説得等がある。

（3） シンボリック行動（symbolic action）とは，「主観的な社会的意味の伝達を指向する行動」をいう（Zott & Huy, 2007, p.71，筆者訳出）。シンボリック行動は印象操作の手段として用いられる（Zott & Huy, 2007）。

（4） Greenwood et al.（2008）はその執筆時点までの約30年の新制度派組織論の歴史について述べたものであるが，Greenwood, Oliver, Lawrence, & Meyer（2017）は，その後約10年間の研究の傾向として，抽象的な議論からより具体的な制度化の社会的帰結へといった関心の変化を挙げている。そして，その間の主な検討対象として，組織と制度的文脈の間のより複雑な関係性や，制度の創造・イナクトメント・変化・崩壊のプロセスとプラクティスを挙げている。またこれらのうち前者の中に，次章で検討するスティグマの研究を含めている。

（5） 原文では「正当性」であるが，統一のため，本書では以下「正統性」と表記する。本書が「正統性」の表記を用いる理由については第1章2.2項参照。

（6） アカウンタビリティに関する議論については第3章参照。

（7） 一般競争入札を含む調達方式の詳細については，第2章の脚注1参照。

（8） Y省を含む行政組織は，民間営利企業と比較して制度的環境の影響を受けやすく（佐藤・山田，2004），適応戦略に偏りやすい。しかし，常に外部の要請の言いなりになって適応戦略のみを採っているわけでない。例えば高橋（2014）は，財務省がさまざまな働きかけ戦略を通じて外部からの要請を拒否する様子を詳細に描写している。

（9）「公共調達における改革の取組・推進に関する検討会（第3回）議事録」（http://www.jftc.go.jp/dk/hattyu.files/08050902-sanko2-3-1.pdf, accessed 2015.07.09）。

（10） 国土交通省「第4回公正入札調査会議の議事概要について」（http://www.mlit.go.jp/report/press/kanbo06_hh_000004.html, accessed 2015.07.14）。

（11） ただし決算検査報告は応札者数と落札率の間の相関関係を示しているにすぎず，両者の間の因果関係の根拠となるデータは示していない。

（12）「衆議院議員長妻昭君提出1社入札で落札率100%の案件に関する質問に対する答弁書」（平成21年5月22日付　内閣衆質171第403号）。

(13)　「本格攻防は『仕分け』後：河川・ダム，管理費10～20%削減」，『日本経済新聞』，2009年11月13日，朝刊，p.5。

(14)　「年金問題対応の社保庁契約：『1社応札』19%に急上昇：昨年度，検査院調べ」，『日本経済新聞』，2009年10月18日，朝刊，p.34。

(15)　日本経済新聞における記事数を見ても1者（社）応札関連の記事数が，2006年まで年間高々1件だったものが2008年には7件と急増している。

(16)　例えば，国土交通省「『1者応札・1者応募』に係る改善方策について」（http://www.mlit.go.jp/page/kanbo01_hy_000321.html, accessed 2021.06.23）。

(17)　例えば，「財務省入札等監視委員会設置規則」参照。

(18)　世界銀行は，その調達規則の中で，1者応札になったからといってただちに競争性が欠如していると判断してはならないと定めている（The World Bank, 2020）。なお，経済学者・法学者などの中にも，1者応札状態を是認する声が少なくない。西口（2012）は取引費用の観点から，特殊分野においては契約可能な企業が1者のみしか存在しないという状態も自然であると述べている。「1者応札は談合の結果である」という主張に対しても，大橋（2012, 2015）は，潜在的競争の結果の1者応札も含まれるはずと反論している。さらに，1者応札となるような状況での一般競争入札適用を問題視する指摘もある（例えば，楠，2012）。

(19)　発話データ中，（　）は筆者が補った箇所を，〈　〉は匿名性保持のため筆者が言い換えた箇所を示す。

(20)　前掲脚注16参照。

(21)　特許庁による情報システム調達において生じた事案については第2章の脚注40参照。また，民間セクターに関しては，佐藤・山田（2004）が企業によるISO認証取得に伴う業務効率低下の問題を指摘しているが，これも，本研究の事例同様，正統性獲得のための適応戦略に起因する問題といえよう。

第 5 章

Transferred stigma and mitigation measures

転移したスティグマへの対処行動
―談合事案への地方自治体の反応―

1　はじめに

ここまで，日本の行政機関等へのアカウンタビリティ追及とその対応（第3章），そしてその背景にある正統性獲得行動とその問題（第4章）のメカニズムを，個別の組織に焦点を当て，組織成員の声を通してミクロな視点で検討してきた。本章は，ここまでの検討の結果明らかになった様相を，定量分析を通じてマクロ的に検討する。検討対象は，組織が不祥事の際に正統性を失い，さらには非正統性（illegitimacy）を付されてしまった際の対応である。ただし，非正統性を代用する概念として，組織のスティグマ（stigma：烙印）の概念を援用する。次節で述べるように，組織スティグマ（organizational stigma）は，不祥事に伴う非正統性への対処行動を論じるうえで有用な概念である。

組織は，その活動の性質あるいは自らが犯した不祥事等のため，社会からスティグマを押されてしまうことがある（Hudson & Okhuysen, 2009）。これらはそれぞれ，コア・スティグマ（core stigma：根本性烙印）およびイベント・スティグマ（event stigma：事案性烙印）と呼ばれる（Hudson & Okhuysen, 2009）。

スティグマは組織の正統性を損ない，その生存を脅かす。このため組織はさまざまな形でスティグマに対処しようとする。不祥事を起こした際には，これに起因するイベント・スティグマを緩和し，損なった正統性を取り戻そうとする。

ここで問題となる不祥事とは，必ずしも組織自身が起こしたものとは限らない。ある組織の不祥事によるスティグマが他組織に転移（transfer）し，その正統性を傷つけうる（Jonsson et al., 2009）。例えば，アメリカ化学工業業界において，ある1社の事故は他社の株価をも下落させた（Barneett & King, 2008）。

コア・スティグマ，そして自組織の不祥事に伴うイベント・スティグマへの対処行動については，先行研究により多くの知見が蓄積されている。しかしながら，他組織起因のイベント・スティグマに対して組織がいかに対処するのか，その検討は十分ではない。特に，行政機関を対象とした研究は見当たらない。そこで本章は，日本の地方自治体が，一連の入札談合事件を通じてスティグマを押された際に，新聞等のメディアによる批判をかわしつつ，再発防止のための中央省庁の要請に従って取った対処行動について，定量的に検討する。このように本章は，他組織起因のイベント・スティグマへの組織的反応の検討を通じて，スティグマ研究に貢献することを目指す。RQは以下のとおりである：

他組織の不祥事に起因するスティグマとこれに伴う外部者圧力に対して，組織はいかに対処しようとするのか。

以下では，まず次節にてスティグマに関する理論的背景を概観する。次に，分析の準備として，第3節にて日本の公共調達制度のうち特に一般競争入札の適用に関して説明する[(1)]。そのうえで仮説（第4節）と方法（第5節）について述べ，分析結果を示す（第6節）。最後に，分析結果に基づく考察（第7節）と結論（第8節）を述べる。

2 理論的背景：組織スティグマ

2.1 非正統性とスティグマ

本章は，組織が不祥事によって非正統性を付与されてしまった際の対応を検討する。ただし，非正統性を代用する概念として，組織スティグマの考え方を援用する[(2)]。

非正統性でなくスティグマの理論を議論の中心に据える第1の理由は，非正統性概念の曖昧さである。Suddaby, Bitektine, & Haack（2017）によれば，非正統性の考え方には2種類ある。まず，非正統性を「正統性の欠如」と見る考え方がある。Dougherty & Heller（1994）や Zuckerman（1999）

はこの立場を取っている。その一方，非正統性を「負の正統性」と見る考え方がある。この考え方を取るならば，スティグマとは，正統性の対極にある負の正統性としての非正統性であるといえる（Elsbach & Sutton, 1992; Hudson, 2008）。しかしながら，このように非正統性について複数の見方が存在するような状況から，Devers et al.（2009）やHudson（2008）は，新制度派組織論において非正統性に関する合意された定義はないとしている。操作化も不十分とされる（Hudson, 2008）。一方，組織スティグマは，次項で述べるように比較的明確に定義・体系化されており，実証研究により適した概念だといえる。

第2の理由は，第1の理由とも関係するが，正統性研究において「いかに正統性を獲得するか」に関する研究は豊富である一方，非正統性の緩和に関してはスティグマ研究に及ばないという点である。スティグマ研究においては，組織スティグマの影響を緩和し，組織自身の生存を担保するための対処行動に関する研究が蓄積されており，その知見は本章の研究の理論的基盤として有用である。

2.2　組織スティグマとは

本章冒頭で述べたとおり，本章の鍵概念は，組織スティグマである。スティグマ研究の源流はGoffman（1963）に遡る。彼によれば，スティグマとは，「もともと肉体上の徴を言い表す言葉であり，その徴は，付けている者の徳性上の状態にどこか異常なところ，悪いところがあることを人々に告知するために考案されたもの」（訳書 p.13）であり，「今日では，不面目（ディスグレイス）を表す肉体上の徴ではなく，不面目自体を言い表すのに使われている」（同 p.13）。Goffman（1963）によれば，スティグマには，肉体上の特異性，性格上の欠点，および人種・民族・宗教などという集団に帰属されるスティグマの3種類があるという。そして，スティグマを押されたものは，それを背負って生きてゆくうえで，さまざまな処世術を身に付けなければならない。

Goffman（1963）の論じるスティグマはいずれも個人に対するものである

が，組織もスティグマを押されうる。組織が押されるスティグマを，Devers et al.（2009）は，「集合的ステークホルダーに対して，ある組織が，その組織を没個性的化しその信用を傷つけるような，根本的かつ根深い欠点を持つという集団固有的な知覚を喚起するようなラベル」と定義している（p.157，筆者訳出）。制度論において，組織による自らに対するネガティブ情報への反応について十分明らかにされていないとされる中で（Chatterji & Toffel, 2010），組織スティグマに関する研究は近年増加しているとされる（Hudson & Okhuysen, 2014）。

組織スティグマは，コア・スティグマ（core stigma：根本性烙印）とイベント・スティグマ（event stigma：事案性烙印）に区分される（Hudson, 2008）。これらのうちコア・スティグマとは，「社会的規範に反すると知覚された属性（アウトプット，ルーチン，顧客など）に伴う」（Hudson & Okhuysen, 2009, p.134，筆者訳出）スティグマをいう。例えば，男性同性愛者の社交場であるメンズバスハウス（men's bathhouse）(3)は，特に法を犯していないにもかかわらず，外部から好奇な目で見られ，スティグマを押される。このため経営者は，自らのスティグマが顧客や取引先に転移しないよう，細心の注意を払うことを強いられる（Hudson & Okhuysen, 2009）。一方，イベント・スティグマとは「普通でない，または異例な事案の結果生じる」（p.134，筆者訳出）スティグマをいう。例えば，不祥事，破産，事故，製品の欠陥等の結果生じるスティグマがこれにあたる。これにより，一般社会や投資家等による評価が低下する。

スティグマは，組織の非正統性としてその生存を脅かす。このため組織は，スティグマに対してさまざまな対処行動を取ろうとする。そして，スティグマ研究は，スティグマと対処行動の関係について，さまざまな検討を行っている。以下，コア・スティグマおよびイベント・スティグマそれぞれに対する対処行動に関する先行研究を概観する。

2.3　コア・スティグマへの対処行動

コア・スティグマに関しては，Hudson & Okhuysen（2009）が，これに対処して組織が生き残る方法を検討している。彼らは，メンズバスハウス経営者らへの面接調査に基づき，通常の組織が採るものと異なる行動として，隔離，統合，演出および関係構築を挙げている。このうち隔離（isolation）とは，外部者の目が届かないよう，物理的境界を設けたり，離れた場所に店舗を構えたり，あるいは看板を出さないといった方法をとることをいう。メンズバスハウスも，人どおりの少ない倉庫街や工場地帯の中にあえて出店するという。これにより，顧客のプライバシーを守り，サプライヤーへの妨害を防ぐことができる。統合（integrating）とは，組織存続に必要なステークホルダーとして，自らの存在に理解を持つ組織等をインサイダーとして取り込むことである。例えば，メンズバスハウスは，リネンサプライといったサプライヤーについて，事業に理解ある業者を選別する。選別にあたっては，信頼できる他の業者の紹介等を通じて候補を当たる。また，顧客が何らかのトラブルに巻き込まれた場合に弁護士を紹介するといった保護を与えることもある。演出（dramaturgy）とは，メンズバスハウス経営者と監督当局とが結託し，相手の求めに応じてそれぞれの役割を演じることをいう。例えば，あえて「ここは性的行為のための場所ではない」というメッセージを発信する，一般的なジムに見せかける，可能な限り法令順守するといったことが挙げられる。関係構築（associational）とは，ステークホルダーとの関係構築のための諸方策であり，その相手は，顧客やサプライヤーのみならず，監督当局さえも含まれることがある。上記の他，組織が他組織との関係構築に際して用いるさまざまな従来型（conventional）の方法も取られる。

上記 Hudson & Okhuysen（2009）が対処行動の種類を検討したのに対し，Vergne（2012）は，対処行動の有効性について検討している。ここで取り上げられた対処行動とは，希薄化（dilution）すなわち企業の事業ポートフォリオの中でスティグマを押された事業の比率を下げることである。Vergne（2012）は，希薄化が企業全体としてのスティグマの影響を減じることを定量的に実証している。すなわち，軍需部門を持つ企業は，その事業全体の中で，業種間希薄化（全売上に占める民生用部門の比率を高めること）や顧客間希薄化（全売上中，スティグマを押された国以外の国への売上の比率を高めること）を通じて，自社の社会的承認度を高めることが可能となる[4]。

Durand & Vergne（2015）は，軍需産業に付されたコア・スティグマに関するメディアの攻撃に対する企業の反応について検討している。Durand & Vergne（2015）は，ある企業自身，同カテゴリーの他の企業，および異なるカテゴリーに属する他の企業の3区分それぞれに対するメディアの攻撃への反応としての，当該企業による対処行動（軍需部門の資産売却）の程度を比較している。その結果，攻撃と対処行動の関係が，当該企業自身への攻撃，同カテゴリー他企業への攻撃，異カテゴリー他企業への攻撃の順に強いことを明らかにしている。

コア・スティグマは，それ自体を消去したり緩和したりすることが困難である。このため対処行動も，このスティグマを受け入れることが前提となる。メンズバスハウス（Hudson & Okhuysen, 2009）では，スティグマ緩和ではなく事業継続に必要なリソースの確保が焦点である。また，軍需産業（Durand & Vergne, 2015; Vergne, 2012）において，軍需部門の維持を前提とした対処は，事業全体の中での軍需部門の比率の低下（希薄化）ということになる。

2.4　イベント・スティグマへの対処行動

次に，イベント・スティグマに関する対処行動に係る先行研究について述べる。なお，ここで問題となる事案（event）すなわち不祥事とは，必ずしも組織自身が起こしたものとは限らない。同一カテゴリー内の組織や類似組織の不祥事が多数の組織の正統性を傷つけ，広くスティグマを転移させてしまう。ただし組織は，自組織起因のスティグマと他組織起因のスティグマで，異なる対処行動を取ると考えられる。このため本項では，自組織の不祥事と他組織の不祥事それぞれに起因するイベント・スティグマに区別して論じる。いずれの場合も，コア・スティグマと異なり，イベント・スティグマへの対処行動の要点は，スティグマそのものの消去・緩和を目指すことにある。

◆自組織の不祥事に起因するイベント・スティグマへの対処行動

自組織の不祥事に起因するスティグマへの対処行動については，Sutton & Callahan（1987）が，アメリカ企業が破産した場合に企業や経営者が受けるスティグマの影響を検討し，対処行動の種類を検討している。ここで挙げられている対処行動とは，秘匿（concealing），定義（defining），責任否定（denying responsibility），責任受容（accepting responsibility）および隠匿（withdrawing）である。これらのうち秘匿とは，不祥事を敢えて公表しない，あるいは不祥事について問われても否認するという行動である。定義とは，正確な事実や，あるいは事案の固有事情や特殊性を説明するといった対応をいう。責任否定とは，事案発生を，外部環境やスケープゴートとしての前任経営者に責任転嫁することをいう。また，責任受容は，自らの責任を認めることを通じて，それ以外の部分に関する自身の主張の正統性や信頼性を高めることを目指す。そして隠匿は，必要な対応を放棄して外部者の目から隠れることをいう。

自組織に対するイベント・スティグマと対処行動の関係に関しては，McDonnell & King（2013）が，自社を標的とした社会活動（ボイコット）とこれに対する企業の対処行動（一般社会に向けた情報発信），すなわち向社会的主張（prosocial claim）の関係，ならびにこれら両者の関係に影響する要因について検討している。その結果，標的とされた企業が情報発信を増加させ，かつその傾向は，Fortune ランキング企業のように当初から名声のある企業や，ボイコット前から情報発信に努めている企業において強いことを明らかにしている。

◆他組織の不祥事に起因するイベント・スティグマへの対処行動

イベント・スティグマは，自組織が起こした不祥事だけでなく，同じカテゴリーに属する他の組織が起こした不祥事によっても生じる。なぜなら，正統性が外部者の評価に依存する（Castelló et al., 2016）のと同様，イベント・スティグマも不祥事に対する外部者（ステークホルダー）の知覚と評価に依存する（Devers et al., 2009）。ここで外部者は，その評価を，同一形態および類似形態の組織の間で過度に一般化（overgeneralize）してしまう（Jonsson et al., 2009)。言い換えると外部者は，類似組織をカテゴリー化して事態を単純化して考える（Yu, Sengul, & Lester, 2008)。外部者は，ある組織が起こした不祥事の原因となる組織特性や行動が同一カテゴリーに属する組織に共通すると見なし，他の組織も同様の不祥事に関与している可能性が高いと考えるのである。その結果，不祥事に関与していない他の組織にも共通制裁（common sanctions）を加える（Barnett & King, 2008)。このため組織は，他組織が不祥事を起こした場合にも（転移した）スティグマを押され，対処を強いられる。

他組織の不祥事に起因するスティグマへの対処行動に関しては，Carberry & King（2012）が，エンロン事件後のアメリカ Fortune 500 企業の行動を対象に検討している[5]。ここでは，連邦政府の調査や株主提案といった，企業に対する疑義（challenge）が，企業による「ストックオプション費用計上」（SOPEX：stock option expensing）の適用という対処行動に及ぼす影響を分析している。その結果，連邦調査の対象企業や，不正に関するメディア露出の多い企業の方が，そうでない企業よりも，対処行動を取る傾向が強いことを明らかにしている。Desai（2011）は，鉄道事故発生後における他鉄道会社の反応（公式声明発表）について検討している。その結果，業界全体として外部監視が厳しい（メディア報道が多い）ほど反応が強い一方，個社レベルでは，外部監視が厳しい会社が強く反応するという傾向は見られなかった。また，踏切事故のような管理外の要因に起因する事故を過去に経験した会社は，そうでない会社よりも強く反応していた。一方で，事故当事者と営業形態が類似する会社は，そうでない会社よりも反応が弱いことも明らかになった。この点について Desai（2011）は，類似組織の場合，反応を起こしても周囲から表面的な行為と見られがちなため，むしろ自然回復を待つ方が有効だと考えるからだろうと解釈している。

2.5　先行研究の課題

このように，コア・スティグマへの対処行動および自組織の不祥事に起因するイベント・スティグマへの対処行動については多くの知見が蓄積されている。しかしYu et al.（2008）も指摘しているように，他組織の不祥事に起因するイベント・スティグマへの対処行動に関する研究は限定的である。Carberry & King（2012）は，外部評価者による追及と対処行動の関係に関して検討を行っているものの，フォーカル組織が属する組織カテゴリー内の他組織の不祥事と対処行動の関係を直接検討したわけではない。また，Desai（2011）が挙げた外部監視や過去の経験，不祥事当事者との類似性といった要因以外にも，さまざまな要因がスティグマ対処行動に影響すると考えられ，一層の検討が望まれる。

さらに，先行研究は民間企業を主な検討対象としており，行政機関のスティグマ対処行動に関する検討は十分でない。一方，第3章で述べたように，行政機関は近年，世界的なNPM（new public management：新公共経営）の隆盛の中で一層のアカウンタビリティと透明性が求められるようになってきている（Bovens, 2006; Dubnick, 2005；Norman & Gregory, 2003）(6)。その中で行政機関は，他行政機関の不祥事の際にも措置を講じるよう強く迫られるようになっている。このため今日，他組織の不祥事に起因するスティグマに対する行政機関の対処行動に関する検討は一層重要性を増していると考えられる。

営利企業においても同様に，ガバナンス強化に伴い株主による経営者へのアカウンタビリティ追及は一層強くなってきている。すなわち，現代において組織は，外部者の監視が厳しくなり，より一層アカウンタビリティを果たすよう求められるようになってきている（Bovens, 2006）。このように，他組織起因の不祥事に伴うスティグマに関する検討は，現代において重要度を増している。

そこで本章は，他組織の不祥事に起因するスティグマとこれに伴う外部者圧力に対して，組織がいかに対処しようとするかを分析する。そのため，日本の地方自治体が，一連の入札談合事件を通じてスティグマを押された際にメディアの批判や中央省庁の要請に反応して取った対処行動について，定量的に検討する。すなわち，第4章で観察したような組織による外部圧力への適応が，Y省固有のものではなく，より一般的な現象であること確認する。

3　日本の公共調達と一般競争入札基準

第2章第2節にて説明したとおり，1990年代以降の公共調達制度改革は，指名競争入札や随意契約がさまざまな問題の温床になっているとの指摘を受けて，調達方式を原則としてすべて一般競争入札に切り替えるというものであった。

ところで，発注官庁が競争入札を行う場合，これを一般競争入札と指名競争入札のいずれとするか，担当者の一存で決められるわけではない。ここで適用されるのが「一般競争入札基準」(7)と呼ぶべき閾値である。発注官庁はそれぞれ，この一般競争入札基準を設ける。そして，発注者の積算による予定価格がこの金額以上となる物件や工事を調達する際は，必ず一般競争入札とする一方，これ未満であれば指名競争入札としてよいと判断する(8)。

各地方自治体は，談合事件を受けた世論の批判や中央省庁（総務省）の通達を受けて，この基準を引き下げ一般競争入札の適用範囲を拡大するという措置を漸次取ってきた(9)。本章で取り上げるスティグマ対処行動とは，この「一般競争入札基準引下げ」である。

4　仮説

本章では，他組織起因のイベント・スティグマおよびこれに関連した上位組織圧力に対して行政機関が取った対処行動を，統計分析の形で検証する。検証対象とした仮説と，その導出根拠は以下のとおりである。

4.1　他組織の不祥事

先に述べたように，ある組織の不祥事は同一カテゴリー内の他組織にもスティグマを付し，その正統性を傷つける（Jonsson et al., 2009)。例えば

Barnett & King（2008）は，アメリカ化学工業業界において，ある1社の事故が他社の株価をも下落させる傾向にあることを示している。外部者は個別組織の相違を判断できないので，理解を単純化し，同カテゴリーの組織全体に共通制裁（common sanctions）を課してしまうのである（Barneett & King, 2008）。

そして，カテゴリー内組織による不祥事が増えるほど，外部者は，それらの不祥事に関する評価に基づき，当該カテゴリーに属する組織をより厳しく監視するようになる（Devers et al., 2009；Jonsson et al., 2009）。このため組織は，自らの不祥事に加え，他組織の不祥事にも反応し，スティグマを緩和するための対処行動を取ることを強いられる（Carberry & King, 2012；Desai, 2011）。エンロン事件（Carberry & King, 2012）においては，事件と直接かかわりのない企業も，同種の失敗を防止するような会計制度を競うように採用した。このようなことから，以下の仮説1が導かれる。

仮説1：同カテゴリー内の他の組織の不祥事が明らかになるほど，組織は，そのような他組織起因のスティグマを緩和するための対処行動を取ろうとする。

4.2　上位組織からの圧力

正統性獲得のため，組織は外部からの求めに応じようとする（Oliver, 1991）。例えば組織はメディアの攻撃に強く反応する（Durand & Vergne, 2015）。さらに，メディアと同等あるいはそれ以上に直接的な影響力を持つのが監督官庁や親会社といった上位組織である。同種の組織群において類似の不祥事が生じた場合，その監督官庁等の上位組織は，圧力をかけて再発防止等を要請する。各組織は，上位組織からの圧力により，その要請を，「合理化された神話」(Meyer & Rowan, 1977）として自明視して受け入れる。

圧力に際して，黙従（Oliver, 1991）は説明不要で手軽な反応である。特に，上位組織への反論・説明といった働きかけよりも黙従のコストの方が小さい場合，組織は働きかけを諦めて黙従してしまう（Scherer et al., 2013）。

そして，儀式的適合（ceremonial conformity）として，上位組織からの要請に従ってしまう（Ashforth & Gibbs, 1990）。以上から，以下の仮説2が導かれる。

仮説2：自組織を監督する上位組織からの圧力を受けるほど，組織は，同一カテゴリー内の他組織の不祥事に起因するスティグマを緩和するための対処行動を取ろうとする。

4.3　自らの不祥事

不祥事は，当事者組織に対する評価を下げ，その正統性を損なう。これに対して組織は，損なった正統性回復のためさまざまな対処行動を取る（Ashforth & Gibbs, 1990）。正統性の低い組織ほどその正統性を主張しようとするという点に鑑みても（Ashforth & Gibbs, 1990），不祥事を起こした組織ほど行動しようとする傾向にあるのは必然であろう。

例えばMcDonnell & King（2013）は，企業が，自社の活動に起因する社会活動（ボイコット）に対してどの程度反応するか，また，その程度に影響する要因は何かを検討した。その結果，ボイコットされた企業は，一般社会に向けた情報発信を増やすことが明らかになった。

以上より，組織は，不祥事を起こした結果，これによって危機に瀕した自らの正統性回復のため，対処行動を起こそうとすると考えられる。そしてその対処行動は，スティグマの転移した他組織よりも当事者組織の方が強いと考えるのは自然であろう。すなわち，以下の仮説3が導かれる。

仮説3：不祥事を起こした組織は，これに起因するスティグマを緩和するため，不祥事に関与していない組織以上に対処行動を取ろうとする。

4.4 格付け

組織の格付けは，不祥事発生時等における組織の対処行動に影響するという。Chatterji & Toffel（2010）は，企業による環境対応に関して，低い格付けを受けた企業ほど，環境配慮に向けた行動を取ろうとすることを明らかにしている。このように，低格付け組織ほど，外部評価者が望む行動を取ることを通じて，望ましいイメージを評価者に植え付けようと試みる。

本章では，スティグマ対処行動として，公共調達の分野における「一般競争入札基準引き下げ」を取り上げている。この一般競争入札基準引き下げを通じた一般競争入札の適用拡大は，調達プロセスの公平性・透明性を高めるものであり，外部評価者に望ましいイメージを与える。ゆえに，低格付け組織（発注官庁）は，この望ましいイメージを創造するため，一層の改善策すなわち一般競争入札基準引き下げを取ろうとするであろう。このことから，以下の仮説4が導かれる。

仮説4：格付けの低い組織ほど，スティグマ緩和のための対処行動を取ろうとする。

分析モデル全体を図5.1に示す。

図5.1　分析モデル（スティグマ対処行動に影響する要因）

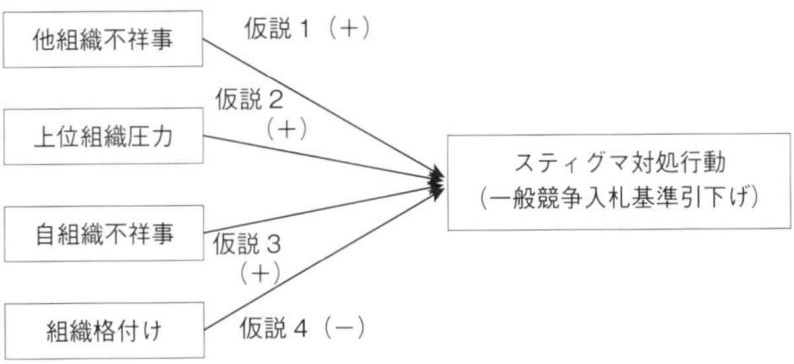

5 方法

5.1 サンプルおよびデータ

本章のリサーチサイトは日本の公共調達である。1990 年代から 2000 年代初頭にかけて，建設会社や政治家を巻き込んだ汚職事件がたびたび発覚した。そうして公共調達に対して一般社会からより厳しい視線が向けられるようになった。その結果，第 2 章 2.1 項で述べたように，日本政府は 2000 年代初頭において，さまざまな対策を講じ，調達の当事者である行政機関も，政府方針に沿って対処することが求められるようになった。

分析においては，行為主体組織として都道府県当局を取り上げ，各都道府県が，一連の談合事案の結果押されたスティグマを緩和するために取った対処行動を測定する。その対処行動とは，談合防止策としての一般競争入札適用範囲拡大すなわち「一般競争入札基準」の引き下げである。一般競争入札においては応札者が不特定多数となるため，他の調達方式と比較して透明性が高く，談合が生じにくいと見なされる。このため，一般競争入札基準の引き下げを通じた一般競争入札適用拡大はスティグマ対処行動として機能する。

分析対象期間は 2006 年度から 2015 年度の間（2006 年 4 月 1 日から 2016 年 3 月 31 日の間）である。2000 年代，いわゆる「ゼネコン汚職事件」が多数発覚したことから，2005 年度末に鹿島，大成建設，清水建設，大林組のスーパーゼネコン 4 社が「談合決別宣言」を出した。このため，2006 年度以降は，談合に関する一般社会の視線が一層厳しくなった時期であるといえる[(10)]。また，分析期間最終年度である 2015 年度は，分析に必要なデータが利用可能だった最終年度である。

データ測定単位は「自治体×年度」であり，全体で n ＝ 429 となった。なお，指名競争入札を全廃し，予定価格等にかかわらず，すべての案件を一般競争入札とした場合，すなわち一般競争入札基準となる金額が0円となった場合，たとえ不祥事が起きたり外部圧力を受けようとも，これよりさらに一般競争入札基準を引き下げることは不可能である。このようなデータを分析に投入すると，分析に歪みを生じかねない。このため，すでに「一般競争入札基準＝0円」であるようなデータは分析から除外した。n ＝ 470（＝ 47都道府県× 10カ年度）となっていないのはこのためである。

各都道府県の一般競争入札基準データは，全国市民オンブズマン連絡会議が各自治体への質問紙調査に基づき取りまとめた「全国市民オンブズマン落札率調査」より取得した(11)。

談合事案データは朝日新聞データベースより取得した(12)。すなわち「談合」のキーワードを見出し，または本文に含む記事を抽出し，この中から解説記事等を除き，談合と見なされる事案（発注者が関与した「官製談合」を含む）を抽出し，談合事案データとした。抽出された談合事案の総数は263件となった。その発注者属性別の内訳は，都道府県（56件），中央省庁および独立行政法人（28件），市町村（159件），発注者となる自治体が特定されない事案（4件），電力会社等の公企業（16件）である。

5.2　変数

◆被説明変数

被説明変数，すなわち，不祥事に伴う外部者の負の知覚を変えてスティグマを緩和し，また，上位組織の圧力に応じるための対処行動として「都道府県の対処行動」を適用し，各年度における「一般競争入札基準引下げダミー」として測定した。一般競争入札基準引下げダミーは，n年度末（3月31日時点）における一般競争入札基準が，n − 1年度末における一般競争入札基準より小さい場合に値“1”を，そうでない場合に値“0”を取る二値変数である。地元企業優遇策等のため，一般競争入札基準を引き上げることもある。しかしこれは，スティグマに対して逆の反応を取ろうとしているわけではなく，別要因によって基準を引き上げるものである。このため，このような場合も，反応なしの場合と同様に値“0”を取ることとした。一般競争入札基準の値は，全国市民オンブズマン連絡会議が各自治体への質問紙調査に基づき取りまとめた「全国市民オンブズマン落札率調査」より取得した[13]。

◆説明変数

説明変数として，自組織の不祥事，他組織の不祥事，上位組織圧力および自組織の格付けを投入した。

これらのうち，自組織の不祥事に係る変数としては，「自組織関連談合事案ダミー」（談合事案あり＝1，なし＝0）を適用した[14]。すなわち，ある年度において自治体自らに関わる談合事案が報道された場合に“1”の値を，そうでない場合には“0”を取る変数である。なお，n ＝ 429に対して都道府県に関わる談合事案数は56件であり，自組織関連談合事案ダミーの平均値は.13と非常に小さい値になる。また，1年度の間に複数の自組織関連談合事案が露見したケースは10にすぎない。このため，各分析単位（自治体×年度）における談合事案数ではなく，談合事案の有無に基づくダミー変数を適用した。

他組織の不祥事に係る変数としては，「他組織談合事案数」を取り上げた。ここで計数した事案は，都道府県庁発注のものに限らず，中央省庁・独立行政法人，市町村および公企業発注の談合事案であって朝日新聞により報道されたものすべてを含めた。公共調達関連での都道府県に対する組織外部の評価は，都道府県庁以外が発注した案件に係る談合によっても同様に反応すると考えたためである。ただし自組織関連の事案を除いた。なお，上記自組織関連談合事案と異なり，本変数は日本全体を網羅するものであり，その平均は各年度26.3件，最低12件，最大64件であり，また「事案なし」となった年度はなかったため，ダミー化せず，事案数をそのまま投入した。

上位組織圧力としては，都道府県自治を所管する総務省が各都道府県知事に宛てて発出した通達を取り上げた。総務省は，全国都道府県知事に宛てて，2006年度，2007年度，2011年度および2014年度に，一般競争入札基準引下げ等を求める通達を，総務大臣名で発出している[15]。ただし，通達は必ずしも強制力を持たないため，通達が出されたからといって，ただちに各都道府県が一般競争入札基準を引き下げるわけではない。ここで適用した変数は，「総務省通達ダミー」である。この変数は，各年度において総務省から一般競争入札基準引下げを求める内容を含む通達が出された場合に“1”，出されなかった場合に“0”を取る。なお，分析対象となった10カ年度の間，通達が出されたのは4回である。また，同一年度の間に複数の通達が出されたケースはない。このため，各分析単位における通達数ではなく，通達発出の有無に基づくダミー変数を適用した。

各自治体の格付けは，落札率を用いて評価した。「全国市民オンブズマン連絡会議」は，落札率が高い自治体ほど談合の可能性が高いと見なし，各自治体の落札率に基づき「談合疑惑度」を独自に算定している。これはいわば市民団体による自治体の格付けである。談合疑惑度は，「落札率95%以上の案件の割合」（2005年度調査まで）及び落札率90%以上の案件の割合」（2006年度調査以降）として算出されている(16)。95%および90%には，それなりの根拠があって設定された閾値ではあるが，主観的でありかつ変更も可能である。このため，この「談合疑惑度」ではなく，その算出のもととなる落札率そのものを格付けに係る説明変数として投入した。ただし，高い落札率は低い格付けを意味しており，両者は逆転している。

◆統制変数

統制変数として，組織規模，震災ダミー，知事交代ダミーおよび知事選挙ダミーの各変数をモデルに組み込んだ。

組織規模は，組織の正統性や行動に影響を及ぼしうる変数として，新制度派組織論の多くの研究において言及されている（例えば，Baum & Oliver, 1991；Sherer & Lee, 2002；Tolbert, 1985）。組織規模としては，各都道府県の「標準財政規模」（2014年度）を適用した（総務省，2016）。標準財政規模とは，「地方公共団体の標準的な状態で通常収入されるであろう経常的一般財源の規模を示すもので，標準税収入額等に普通交付税を加算した額」である。これは都道府県当局の事業規模を示すものであり，民間企業における年間売上高に相当する。ここでは，標準財政規模を対数化して投入した。

モデルには「震災ダミー」を統制変数として投入した。震災ダミーは，東日本大震災以前，すなわち2010年度までについて“0”を，2011年度以降のデータについて“1”を取るダミー変数である。東日本大震災の発生以降，復旧・復興工事の増加に端を発し，全国的に，建設資材価格の上昇や労働力需給の逼迫という状況にある（日本建設業連合会，2016）[17]。これに関連して，都道府県発注工事の落札率の全国加重平均も，震災前において2002年度（95.3%）から2010年度（82.9%）まで，2008年度を除きほぼ単調に低下していたものが，2010年度以降，2011年度（86.5%）から2015年度（92.7%）へと一貫して単調増加となっている[18]。そこで，震災前後において，受注業者の応札行動が変化し，これが発注者の行動すなわち一般競争入札基準引下げに影響を及ぼす可能性があると考え，本変数を投入した。

組織トップの交代は組織戦略の変化につながる。このため例えば，Durand & Vergne（2015）は，メディアの攻撃に対する軍需企業による反応の分析を行う際，組織トップであるCEOの交代を統制変数としている。ここでも，都道府県等のトップすなわち都道府県知事の交代イベントをダミー変数としてモデルに投入した。この変数は，ある年度において知事の交代があった場合に“1”を，交代がなかった場合に“0”を取る。

一方，都道府県の現職知事は，近い将来に選挙がある場合，有権者へのアピールのためシンボリック行動（Ashforth & Gibbs, 1990）として入札問題改善策を取ろうとするかもしれない。このため知事選挙ダミーとして，翌年度に知事選挙が予定されている場合に“1”を，予定がない場合に“0”を取る変数を投入した。

なお，Tolbert & Zucker（1983）は，市当局による行政改革実行に影響しうる変数として市の年齢（age）を想定し，市政開始年をモデルに投入している。古い市ほど改革への抵抗が多いと考えたためである。しかし現在の日本の都道府県は，1972年に本土復帰した沖縄県を除き，1947年の地方自治法施行と同時に発足したといってよい。このため都道府県政開始年はモデルに投入していない。

5.3　分析方法

分析は，ロジスティック回帰分析により行った。

モデルに投入する際，2つの説明変数，「他組織談合事案」および格付けの代用変数としての「落札率」は，被説明変数である「一般競争入札基準引下げダミー」との間で1年のラグを設けた。逆に，選挙に関しては，「選挙が予定される場合，事前に行動する」との考え方から，1年間逆のラグを設けた。選挙の実施は，首長の死去や重大不祥事による辞任等を除けば予定は明らかになっている。このため，n年度の一般競争入札基準引下げに影響を及ぼしうる説明変数としてn＋1年度の選挙の有無を投入しても，時間的関係は，想定される因果の逆方向とはならない。一方，「自組織談合事案ダミー」および「上位組織圧力ダミー」に関しては，ラグを設けなかった。これは，いずれの自治体も，自らの不祥事や上位組織圧力に対しては，より速やかに反応するだろうと想定したためである[19]。

なお，標準財政規模に関しては2014年度のデータを使用し，年度によらない固定変数として投入した。標準財政規模の経年変化が小さいためである。

6　結果

記述統計として，各変数の平均値および標準偏差，ならびに相関係数を表5.1に示す。

表5.1　記述統計

変数	平均	標準偏差	1	2	3	4	5	6	7	8
1. 一般競争入札基準引下げ	.21	.40								
2. 組織規模（対数化）	20.01	.61	-.06							
3. 震災	.49	.50	-.44	.01						
4. 知事交代	.08	.27	.06	.03	-.07					
5. 知事選挙	.27	.44	.03	.04	-.04	-.14				
6. 他組織不祥事	26.51	14.30	.58	-.02	-.58	.05	-.06			
7. 上位組織圧力	.41	.49	.31	-.01	-.01	.08	.07	.37		
8. 自組織不祥事	.09	.28	.17	.08	-.13	.03	.02	.11	.14	
9. 格付け（%）（逆転）	87.43	5.15	-.10	-.10	.30	-.02	.04	-.29	.03	.06

n＝429

一般競争入札基準引下げ（ダミー変数）を被説明変数としたロジスティック回帰分析の結果は表 5.2（モデル 1〜3）のとおりである。

表 5.2　ロジスティック回帰分析（一般競争入札基準引下げ）

変数	モデル 1			モデル 2			モデル 3		
	b	S.E.	exp (b)	b	S.E.	exp (b)	b	S.E.	exp (b)
組織規模（対数化）	-.260	.227	.771	-.331	.263	.718	-.346	.269	.707
震災	-3.209 ***	.474	.040	-2.529 ***	.548	.080	-2.416 ***	.545	.089
知事交代	.285	.451	1.329	.105	.542	1.111	.057	.550	1.059
知事選挙	.157	.302	1.170	.323	.353	1.381	.298	.357	1.347
他組織不祥事				.048 ***	.013	1.049	.055 ***	.015	1.057
上位組織圧力				1.215 **	.365	3.369	.964 *	.399	2.623
自組織不祥事							.611	.464	1.842
格付け（逆転）							.036	.035	1.036
定数	4.634	4.535	102.925	3.790	5.247	44.267	.793	6.293	2.210
−2 log-likelihood			335.933			272.059			268.912
df			4			6			8
Nagaike R^2			.325			.497			.504

n = 429,　* p. < .05,　** p < .01,　*** p < .001

モデル 1 はベースラインであり，統制変数，すなわち，組織規模，震災ダミー，知事交代ダミーおよび知事選挙ダミーの各変数のみを投入したものである。統制変数のうち，震災ダミーは，組織による対処行動に対して，有意な負の影響を及ぼしている（$p < .001$）。すなわち，東日本大震災（2011 年 3 月 11 日）以降，各自治体による一般競争入札基準引下げへの志向は弱まっている。これは，震災以降における公共事業における需給逼迫により，「一般競争入札の適用拡大を通じて落札率を引き下げる」というロジックが通用しなくなったためと考えられる。

モデル 2 は，統制変数に加え，組織カテゴリー全体に係る変数，すなわち，他組織不祥事および上位組織圧力を投入したものである。各自治体は，他組織不祥事に対して有意に反応している（$p < .001$）。すなわち，全国で発覚した談合事案数が多いほど，一般競争入札基準を引き下げて，スティグマを解消しようとしている。これは仮説 1 を強く支持している。同様に各自治体は上位組織圧力に対して有意に反応している（$p < .01$）。すなわち，総務

省からの通達があった年度において，各自治体は一般競争入札基準を引き下げて圧力に対応しようとしている。これは仮説2を強く支持するものである。

モデル3ではさらに，個別組織に係る変数すなわち自組織不祥事ダミーおよび落札率（格付けの逆転変数）を投入した。しかしながら，自治体の反応は自組織不祥事および落札率のいずれに対しても有意ではない。すなわち，仮説3および仮説4はいずれも支持されなかった。なお，2変数を追加投入した後も，モデル3において，仮説1の有意性はゆるぎない（$p < .001$）。これらを踏まえれば，組織は，自らの不祥事に起因するスティグマと同等，あるいはそれ以上に組織カテゴリー全体に押されたイベント・スティグマに強く反応し，それを解消しようとすると解釈できよう。仮説2（上位組織圧力の影響）も引き続き支持されている（$p < .05$）。

7　考察

分析の結果，組織が，他組織の不祥事に起因したスティグマや上位組織圧力に敏感に反応していることが明らかになった。すなわち，各都道府県は，他の地方自治体等に関連した談合事案が露見したり，これに関連した総務省通達が発出されると，一般競争入札基準の引き下げを通じて一般競争入札の適用範囲を拡大し，自らに転移したスティグマを緩和しようとしていた。

先行研究は主にコア・スティグマ（例えば，Vergne, 2012）や自らの不祥事に起因するイベント・スティグマ（McDonnell & King, 2013）への対処行動を検討してきたが，他組織の不祥事により転移したイベント・スティグマへの対処行動に関する検討は，Desai（2011）等を除き十分でなかった（Yu et al., 2008）。また，行政機関のスティグマ対処行動に関する検討は見当たらなかった。本章は，これらの課題に対応するものである。

なお，Durand & Vergne（2015）は，同カテゴリーに属する他組織のスティグマよりも自組織に対するスティグマに対して組織が強く反応すると述べているが，本章は，Durand & Vergne（2015）と逆の結果とはいえないまでも，一部異なる結果を示したといえる。もちろん，自組織の不祥事1件と，他組織による同種の不祥事１件とでは，前者の影響の方が強いであろう。しかし他組織が多数存在し，これら組織による不祥事の影響が累積すると，無視することのできない大きな影響を及ぼし得る，というのが本章の発見であるといえよう。

今回の分析において仮説３は支持されず，自組織関連談合事案の発生が一般競争入札基準引下げという対処行動に及ぼす影響は有意ではなかった。しかし，「組織は自組織の不祥事に反応しない」というわけではない。おそらく，自らの調達案件に関する談合事案に際しては，一般競争入札基準引き下げよりももっと根本的な対応を取るのであろう。例えば，記者会見等を通じた外部への説明を行うかもしれない。これは，Sutton & Callahan（1987）のいう「定義（defining）」すなわち，正確な事実やあるいは事案の固有事情や特殊性の説明である。官製談合の場合には関係した職員の処分も行われる。またさらには，談合に関わった業者を一方的に悪者にして自らは被害者であると訴えたりするかもしれない。これは，外部環境や外部者をスケープゴートとする「責任否定（denying responsibility）」（Sutton & Callahan, 1987）の対応である。そうだとすれば，「一般競争入札基準引下げ」が被説明変数として適していなかった可能性がある。今後，別の変数を用いて追加分析すべきであろう。

また仮説２が支持されたように，各自治体は，上位組織である総務省の通達に有意に反応していた。この点は，新制度派組織論の基本的主張どおりであるといえる。組織は外部圧力に適応しようとするのである（Meyer & Rowan, 1977）。自治体にとって通達に従うコストは反論のコストよりも小さかったのであろう（Scherer et al., 2013）。このため各自治体は，「合理化された神話」（Meyer & Rowan, 1977），あるいは儀式的適合（Ashforth & Gibbs, 1990）として一般競争入札基準引下げを実施したのかもしれない。なお，このプロセスを第３章で論じたアカウンタビリティの視点から説明すれば，一般競争入札基準引下げは，そうしない場合の厳しいアカウンタビリティ追及を回避できる，（表面上の）コストのかからない戦略ということになる[20]。そしてＹ省におけるそのような戦略の帰結は，第４章にて観察したとおりである。

8 小括

8.1 理論的貢献

本章は，日本の公共調達に関するデータを用いて，他組織の不祥事に起因するスティグマや上位組織からの圧力が組織によるスティグマ対処行動に及ぼす影響について検討した。

本章の理論的貢献は，他組織起因のイベント・スティグマと組織による対処行動の関係をエンピリカルに示した点にある。先行研究は主に各組織自身の不祥事によるスティグマへの対処行動を検討してきた。他組織の不祥事に起因するスティグマへの対処行動については，Desai（2011）等の研究があるものの，一層の検討が必要とされていた（Yu et al., 2008）。特に，行政機関のスティグマ対処行動に関する検討は見当たらなかった。本章の研究は，スティグマ研究におけるこれらの課題に対応するものである。

本章の検討結果は，日本に限らず他の国の行政機関に関しても一程度当てはまると考えられる。日本と同様，NPM 隆盛のもと，多くの国の中央政府や地方自治体は，より厳格にアカウンタビリティを求められ，外部からの圧力に応えることが求められているからである（Dubnick, 2005）。また，本章の知見は，営利企業に対しても一程度適用可能だと考えられる。行政機関等と同様，営利企業も，正統性獲得のため外部圧力に対応しなければならないからである（Ashforth & Gibbs, 1990；DiMaggio & Powell, 1983；Meyer & Rowan, 1977）。

8.2 実践的含意

また，本章は，公共政策，特に公共調達業務に対する実践的含意を示すものである。行政機関は，外部からの圧力のもと，さまざまな政策の実行を迫られる。分析結果は，行政が外部者の評価を強く意識して行動していることを示す。もちろん，本章の結果はただちに，地方自治体の行為を「儀式的適合」（ceremonial conformity）あるいは「シンボリック行動」（Ashforth & Gibbs, 1990; Zott & Huy, 2007）と断じるものではない。しかし行政は，外部評価のみに流され，単にスティグマや圧力に反応するのではなく，施策の本質的な有効性を第一に考えるべきである。特に日本においては近年，新国立競技場建設，築地市場移転等の施策に関連した問題が注目を集めてきたが，印象マネジメント的な施策ではなく，本質的な議論がなされるべきである。

8.3　本章の限界

本章の研究は以下の限界を抱える。第1に，自組織の不祥事への対処行動について，より一層の検討が必要である。今回の分析では，自組織の調達案件に関する談合に対する反応は有意ではなかった。このような結果の理由として，対処行動を測定する被説明変数として適用した「一般競争入札基準下げ」が適切でなかった可能性がある。記者会見や関係者処分といった変数により別途分析すべきである。

第2に，本章は地方自治体を分析対象としている。もちろん，行政機関と民間営利企業の双方とも正統性獲得のために外部圧力に対応しなければならないという点を考えれば，民間営利企業への一般化は一程度可能とは考えられる。しかしながら，両者が異なる組織目標と動機を持ち，異なるリソースに依存していることを考えれば，一般化は慎重であるべきである。今後，民間営利企業についても同様の検討を行って，スティグマと対処行動の関係について両者間の比較を行うべきである。

第3に，スティグマを押された組織が対処行動を取るに至る組織メカニズムについて検討を行っていない。ただし，この点に関しては第4章の事例研究にて詳しく検討しているので，当該章を参照されたい。

（1） 日本の公共調達全般については第2章第2節の議論および第2章の脚注3に示した文献を参照されたい。

（2） Helms, Patterson, & Hudson（2019）によれば，スティグマと非正統性は，評価者および評価基準の多様性，ならびに影響範囲の3点において異なるという。しかしこれらは本質的な相違というよりも程度の問題だと考えられる。

（3） メンズバスハウスとは，「（男性）顧客同士の性的な交流のための物理的・社会的空間を提供する商業施設」をいう（Hudson & Okhuysen, 2009, p. 135，筆者訳出）。

（4） Vergne（2012）は，取引相手国に係るスティグマを，アムネスティインターナショナルが発表している政治的テロ尺度（PTS: political terror scale）に基づき測定している。

（5） エンロン事件とは，アメリカのエネルギー会社であるエンロン社の不正会計に端を発する事件をいう。2001年の発覚以降，さまざまな企業の不正会計が次々と発覚し，大事件に発展した。これを契機にアメリカ全体のコーポレートガバナンスの在り方が問われることになった。

（6） アカウンタビリティとNPMの関係については第3章2.1項参照。

（7） この「一般競争入札基準」は本書が便宜的に使用する用語であり，公文書等で定義されたものではない。なお，競争入札の種別については第2章の脚注1参照。

（8） 予定価格については，第2章の脚注1参照。

（9） 指名競争入札における入札業者指名の権限の裁量権が「お上」の力の源泉となっており，受発注者間の不適切な関係の源泉になっているとの指摘もある（金本・城所，1999）。一般競争入札の適用拡大は，より透明な調達手続きを通じて，このような状況の改善を目指すものでもある。

（10） 中央省庁から各都道府県に宛てて一般競争入札の適用拡大を求めて発出された一連の通達の第1号が，2006年に総務省自治行政局長と国土交通省総合政策局長の連名による「公共工事の入札及び契約の適正化の推進について」（平成18年12月28日付総行行第208号・国総入企第49号）である。

（11） 全国市民オンブズマン連絡会議「落札率調査」（https://www.ombudsman.jp/rank_category/落札率調査, accessed 2021.02.19）。

（12） 談合事案の抽出に際して，新聞データではなく，公正取引委員会による「審決」データを使用するという方法も考えられる。しかしながら，事案発覚から即座に審決が出されるわけではない。Durand & Vergne（2015）も，法的措置は調査開始から4～7年要するのに対してメディアの反応は即時的であるとして，データ元として新聞記事データを使用している。本研究は，不祥事発覚と組織の対処行動の関係を分析しようとするものであり，データの即時性が重要である。このため，本研究も新聞データベースを使用することとした。

（13） 前掲脚注11参照。

(14)　談合事件の当事者は談合を行った応札業者であり，発注者である自治体は被害者との見方も可能ではある。しかしながら，談合発覚時において，対策の不十分さ等に関して追及を受けるという点においては，自治体もスティグマを押される。その意味において，談合は自治体にとっても不祥事と同様のインパクトを持つと考えられる。なお，談合データには発注者主導で行われる官製談合も含まれるが，これを自治体の不祥事と見なすことに異論はないであろう。

(15)　個別の通達については，総務省「地方公共団体の入札・契約制度」参照（http://www.soumu.go.jp/main_sosiki/jichi_gyousei/bunken/14569.html, accessed 2021.02.18）。

(16)　一般に，落札率とは，個別の発注案件の最終的な落札価格を，当該案件について発注者があらかじめ算定した予定価格で除したものである。これを自治体単位の変数とする場合，各案件の落札率を単純平均するよりも，案件規模に応じて加重平均した方が，自治体全体としての傾向が把握できる。このため全国市民オンブズマン連絡会議では，各年度につき，各自治体の発注案件の落札価格全体を予定価格の総和で除したものを，当該年度・自治体の「落札率」として算出・公開している。これを数式で表すと以下のようになる：

$$\text{年度加重平均落札率}=\frac{\Sigma^{\text{当該年度全入札案件}}\text{落札価格}}{\Sigma^{\text{当該年度全入札案件}}\text{予定価格}}$$

本章も，この年度加重平均落札率の値を適用している。ただし，算出対象となっているのは，東京都については予定価格 3 億円以上の案件，それ以外の道府県については予定価格 1 億円以上の案件である。

(17)　本書執筆時点（2021 年）においては，2020 年以降の新型コロナウィルス流行拡大の影響により需給バランスが変化している可能性がある。しかし本章の分析対象データは，時期的にその影響の範囲外である。

(18)　全国市民オンブズマン連絡会議「落札率調査」（各年度）に（全国加重平均として）記載の値。

(19)　本来はこれらの変数についても，平均的な反応時間等を分析したうえで適切なラグを設けることが望ましい。しかしながら，今回入手可能なデータが月単位や四半期単位ではなく年単位であったため，ラグを設けないこととした。ラグを 1 年とすることによって，関係が一層不明瞭になってしまうからである。無論，不祥事と対処行動の間で逆の因果関係を疑う必要はない。また，ラグを設けないことにより有意性が検出されにくくなることはあってもその逆は考えられず，第一種過誤を犯す可能性を高める恐れはないと考えられる。

(20)　ただし，一般競争入札基準の引き下げを通じた一般競争入札の適用拡大が新たな問題を生じさせうるという点は，第 4 章にて論じたとおりである。

第 6 章

Conclusions

結論

組織はなぜ，さらなる問題の落とし穴に陥ると分かっていながら外部からの圧力に従ってしまうのか。これが本書の根本的な問いであった。この問いを具体的なリサーチクエスチョン（RQ）に落とし込み，その RQ に答えるため，各章において実態データを用いて検討してきた。

全体の結びとして本章では，最初に，一連の研究が明らかにしたことを概観する。そのうえで，各研究領域への理論的貢献をまとめ，よりよい行政のための提言とすべき実践的含意を示す。なお，各章の研究の限界については，当該章の小括をそれぞれ参照されたい。

1　本書が明らかにしたこと

本書の一連の研究が何を観察し，それをどう解釈したのか，その概要をまとめると以下のようになる。

まず第2章では，日本の公共調達の実態を確認することを目指した。その結果，「応札者数と落札率の間に相関はある。しかし同時に，1者応札の背後に，案件特殊性，仕様不明瞭性等，考慮すべきさまざまな要因が存在する」という構造が存在することが明らかになった。

ではなぜ，公共調達に関わる各行政機関は，実情にそぐわない「改革」を実行したのか。第3章の検討結果によればそれは，行政機関の行為が外部問責者からのアカウンタビリティ追及に制約されるからであった。日本においては特に，成果以上に手続き適切性に対するアカウンタビリティが重視されていた。一般競争入札の適用拡大は，メディア等からの手続きアカウンタビリティ追及への対応といえる。一般競争入札は，発注官庁にとって説明しやすい「アカウンタビリティ追及を回避できる施策」だったのである。

このように，アカウンタビリティは行政機関にとっての直接的行動原理となっている。では，行政機関は，何を意図してアカウンタ

> *ビリティを果たそうとするのか。それは，「アカウンタビリティを通じて組織としての正統性を確保するため」である。特に談合のような不祥事に際して正統性を失った組織は，これを再獲得しようとして外部圧力に適応するが，それが別の問題を生じさせることがある。第４章はそのような適応戦略選択に至る組織内部メカニズムの一端を明らかにした。外部適応を重視する管理部門と施策の有効性を重視する原課の間の見解が相違した際，前者が，正統性獲得を旗印に後者を沈黙させ，その結果，新たな問題へとつながる適応戦略が選択されるのである。このように，行政機関にとって組織の正統性は，アカウンタビリティのさらに深層にある根源的行動原理といえる。これらの行動原理に従い発注官庁は，例外なき一般競争入札を適用拡大，そしてその結果生じた１者応札案件への対応として競争入札参加資格の過剰な緩和を推し進めた。さらに，不適格業者参入といった一層深刻な問題の落とし穴に陥ってしまった。*
>
> *第５章では，一般競争入札適用拡大を通じた正統性獲得（スティグマ緩和）と，上位組織圧力への対処という行動が，多数の地方自治体に共通の様相であることを定量的に確認した。すなわち，各都道府県は，他の自治体等が関連した談合事案に起因するスティグマや総務省からの通達に対して敏感に反応していた。*

これらの発見事実を本書の RQ（表 1.1）と対比する形で整理したものが表 6.1 である。次節では，各章（各研究テーマ）別に，それぞれの理論的貢献について整理する。

表 6.1　本書の発見事実のまとめ

鍵概念・現象 （理論）〈該当章〉	問いの焦点	発見事実のポイント
1 者応札 （公共調達研究） 〈第 2 章〉	・「1 者応札批判」の妥当性の定量的検証	・案件特殊性等，1 者応札に影響する要因の存在 ・各要因が落札率に及ぼす複雑なメカニズムの存在
アカウンタビリティ （行政学） 〈第 3 章〉	・行政機関に対する外部者のアカウンタビリティ追及と，これに対する行政機関の答責の実態探索	・問責者の優位性 ・手続きアカウンタビリティへの追及偏重 ・その背景としての，成果に対する問責者の無関心，「官の無謬性原則」，および公共セクターにおける成果測定の困難さ ・手続きアカウンタビリティに関する「説明しやすい施策」への偏向 ・これを助長する要因としての，問責者の優位性と「官の無謬性原則」
正統性 （組織論） 〈第 4 章〉	・正統性獲得行動の結果，新たな問題を生じさせてしまう組織内部メカニズムの解明	・組織内部において，管理部門が正統性獲得を旗印に掲げ，原課が黙従する構図 ・その背景要因としての，一般社会からのアカウンタビリティ追及圧力
スティグマ （組織論） 〈第 5 章〉	・他組織不祥事に起因するスティグマおよび外部者圧力への組織的対処行動の定量的検証	・他組織不祥事に起因するスティグマや上位組織圧力に対する対処行動が多くの行政機関に共通する現象であることの確認

注：各章のテーマ（鍵概念）とその相互関係については，図 1.1 参照。

2　理論的貢献(1)

本書は，上記の各 RQ に対する答えを，さまざまなデータと手法により多面的かつ学際的に探った。その内容は複数の研究領域にまたがるが，各領域において，以下のような理論的貢献を示すことができたと考える。

2.1　公共調達研究への理論的貢献（第 2 章）

第 2 章では，メディア等が 1 者応札を批判する際の前提となる「少数者応札こそが高落札率の根本原因である」という通説の妥当性を，国土交通省の入札結果データに基づく統計分析によって検証した。

発見事実を一言でいえば，「応札者数と落札率の間に相関はある。しかし同時に，1者応札の背後には，案件特殊性，仕様不明瞭性等，考慮すべきさまざまな要因が存在し，それぞれ異なるメカニズムを通じて落札率に影響する」というものである。

これまで，会計検査院（2008），メディア等による1者応札批判や，行政の頑なな1者応札排除の姿勢（例えば，東京都[(2)]）については，多くの研究者が疑ってきた（広瀬，2008；楠，2017；西口，2012）。第2章は，客観的データと統計分析を通じて，1者応札発生のメカニズムを明らかにし，1者応札問題の検討に資する客観的データを提供するものである。

公共調達研究におけるこの研究の新奇性は，落札率，応札者数等の変数間の関係に関して，案件特殊性等の案件属性を含めて統計的に検証したという点にある。会計検査院（2008, 2009）等による従来の議論は，1者応札と落札率の相関関係の提示にとどまり，その背後メカニズムに関して十分に検討してこなかった。これに対して本書は，1者応札へとつながるとされる要因（案件特殊性，仕様不明瞭性等）が応札者数や落札率に影響するメカニズムを，実態データに基づき統計的に明らかにした。この点は，公共調達研究に対する本書の理論的貢献である。

2.2　アカウンタビリティ研究への理論的貢献（第3章）

第2章では，日本の公共調達において，「少数者応札こそが高落札率の根本原因である」という正確とはいい難い通説に基づき，必ずしも有効とはいえない「改革」（一般競争入札の適用拡大と1者応札排除）が推し進められている現状を明らかにした。なぜこのようなことが起こるのか。簡潔にいえば，行政機関が過剰にアカウンタビリティに縛られるからである。すなわち「アカウンタビリティを果たすことを優先するから」，より正確には「アカウンタビリティを果たすことが困難となるような施策の選択を回避し，アカウンタビリティを果たすことが容易な施策に流れるから」である。第3章では，行政機関等の職員に対する面接調査を通じて，日本のアカウンタビリティの実態の一端を明らかにした。

この研究の新奇性は，日本の行政機関等のアカウンタビリティの実態を，答責者の認知に基づきエンピリカルに検討した点にある。特に，答責者の行為に影響を及ぼす背景要因として，問責者によるアカウンタビリティ追及に着目した点に独自性を有する。

理論的貢献は以下のとおりである。第1に，日本において手続きアカウンタビリティが重視される実態を明らかにした。この点は，成果アカウンタビリティや財政アカウンタビリティが重視されるとする従来の研究（例えば，Bovens, 2007；Jos & Tompkins；2004；Romzek, 2000；山本，2013）の主張と異なる一方，手続き（公正）アカウンタビリティに追及が偏るという Behn（2001）の主張をエンピリカルに実証するものである。もちろん成果・財政の両アカウンタビリティが軽視されているわけではなく，行政評価等，成果を評価する制度も存在する。しかしながら分析結果は，手続きアカウンタビリティに対する外部者の追及こそが，答責者たる行政機関職員の行為に最も強く影響を及ぼしていることを示している。

第2に，手続きアカウンタビリティ重視の実態に関して，成果に対する問責者の無関心，「官の無謬性原則」の存在，および公共セクターにおける成果測定の困難さが，その原因となっている可能性を指摘した。このように第3章の研究は，アカウンタビリティ要素間の優先順位とその背景に関する我々の理解を深めたと考える。

第3に，問責者と答責者の優位関係について，先行研究（例えば，山本，2013）と異なり，少なくとも答責者の認知においては答責者よりも問責者が優位にあることを見出した。そして，問責者の優位性の源泉として，問責者説得の困難さ，リソース依存関係の存在，およびインターネットによる社会の匿名化の影響を指摘した。

第4に，「説明しやすい施策への偏向」が，成果アカウンタビリティ（Jos & Tompkins, 2004；Romzek, 2000）に加え，手続きアカウンタビリティに関しても生じることを明らかにした。さらに，日本において「説明しやすい施策」への偏向を助長する要因として，問責者の優位性と「官の無謬性原則」

の影響を指摘した。この点は,「説明しやすさへの偏向」の背後メカニズムを説明するものである。

2.3　正統性研究への理論的貢献（第4章）

第3章では，行政機関職員が行動指針として日々アカウンタビリティを意識していることを明らかにした。その姿勢は行政の公平性・透明性や効率化につながるが，逆に行政を強く縛ってしまうこともある。にもかかわらず，なぜ，行政機関はアカウンタビリティを果たそうとする強く意識するのか。本書は,「アカウンタビリティを通じて組織としての正統性を確保し，生き延びるため」と捉えている。そして第4章は，組織による正統性獲得行動に関して，特に問題発生メカニズムに陥る組織内部を検討した。

検討の結果，組織が正統性を獲得しようとする際に外部への働きかけ戦略を断念して新たな問題を生み出す適応戦略を選択するに至る組織内部メカニズムの一端を明らかにした。すなわち，管理部門と原課の間の見解が相違した際，前者が，正統性獲得を旗印に後者を従わせ，その旗印のもとで後者が前者に黙従し，新たな問題へとつながる適応戦略が選択されてしまうのである。

またそのメカニズムの背景要因として，一般社会からのアカウンタビリティ追及圧力の影響を指摘した。アカウンタビリティ偏重社会において，組織，特に管理部門は，公平性・透明性をアピールして外部からの正統性を得ることをより一層重視し，実効性の立場からそれに異を唱える原課も，最終的にはその立場に同意してしまうのである。

理論的貢献は，戦略選択における戦略実行コストに関するScherer et al.（2013）の主張を経験的に実証・補完した点にある。Scherer et al.（2013）は，適応戦略と働きかけ戦略の選択に影響を及ぼす要因として両戦略のコストの大小関係を挙げていた。これに対し第4章は，一般社会からのアカウンタビリティ追及圧力が，説明を通じた働きかけに要するコストを相対的に引き上げ，組織が適応戦略選択に傾くことを示した。組織内で部門間に見解の相違がある際に，外部からのアカウンタビリティ追及圧力のもと，アカウンタビリティを通じた正統性獲得を掲げる部門（組織内では問責者）が相対的な力を得，一方，説明を求められる部門（組織内では答責者）は組織内外への働きかけを断念し黙従するのである。

またこの発見は，正統性獲得のための戦略選択に関する Oliver（1991）の主張を補完する。Oliver（1991）は外部圧力に対する戦略選択に影響する文脈要因として不確実性と相互関連性を挙げているが，これに加え第 4 章では，戦略選択に影響を及ぼす要素としてアカウンタビリティ追及圧力の影響を指摘した。

2.4　スティグマ研究への理論的貢献（第 5 章）

第 4 章が組織内部メカニズムに焦点を当てた事例研究であったのに対し，第 5 章では，多数の組織（地方自治体）による正統性獲得行動を，定量分析を通じてマクロ的な視点で検討した。ただし，組織の正統性獲得・増大というよりも，不祥事によって付された非正統性すなわちスティグマの緩和を検討対象とした。

第 5 章の研究の新奇性は，行政機関を対象として，他組織起因のイベント・スティグマと組織による対処行動の関係をエンピリカルに示した点にある。先行研究は主にコア・スティグマ（例えば，Vergne, 2012）や自らの不祥事に起因するイベント・スティグマ（例えば，McDonnell & King, 2013）への対処行動を検討してきた。また，主な検討対象は民間企業であった。これに対し本書は，他組織の不祥事から転移したイベント・スティグマへの行政機関の対処行動を検討した。その結果，行政機関（ここでは各都道府県）が，他組織の不祥事に起因するスティグマや，これに関連した上位組織圧力に敏感に対処していることを明らかにした。この発見が理論的貢献である。

3　実践的含意：よりよい行政に向けた提言

本書は，経営学（組織論）を中心に，行政や公共調達に係る理論を指向した研究書である。同時に，行政や公共調達に関わる実務家，ならびにこれら諸活動に関連した制度設計や監査監督に関わる方々も読者として想定し，これら諸方面への実践的含意を提示することを目指してきた。

ここまで，行政分野における諸問題やその背後メカニズムを明らかにするという点において一応の成果を上げられたと考える。一方で，「ではどうすればよい」といった処方箋の提示には至っていない。しかしながら，現時点で示せる実践的含意について，可能な限り示しておきたい。

3.1　見せかけではない実効性のある政策

行政機関は，さまざまな施策実行に際して外部者から圧力を受け，その圧力に適合するような施策を選択する。本書は，ミクロ・マクロ両面から，行政機関が外部者の評価を強く意識して行動している様子を明らかにした。しかし，行政目的を達成する上で，その施策は，見かけ偏重の「シンボリック行動」（Ashforth & Gibbs, 1990；Zott & Huy, 2007）であってはならない。行政は，外部者の顔色を伺うばかりでなく，政策の実効性を第一に考えるべきである。

3.2　答責者の過剰負担軽減と答責者を守る仕組み

先行研究（Bovens et al., 2008；Radin, 2011；山谷，2006）と同様，本書は，アカウンタビリティ追及圧力の強まりが行政機関職員に過剰な負担を強いている事実を確認した。また，アカウンタビリティ問責者の強さを浮き彫りにした。このような問責者の圧力は，行政機関職員を無難さへと誘い，委縮させ（湯浅，2014），その創造や挑戦を妨げる。このような状況が社会にとって望ましいことばかりとは思えない。

問責者は，自らのアカウンタビリティ追及の結果何が生じているのかを理解すべきである。また，このような熾烈な，時には理不尽なアカウンタビリティ追及から行政機関職員等を守る仕組みも検討すべきである。アカウンタビリティはさまざまな便益をもたらすが，その追及が理不尽なものであってはならない。

3.3　手続き適切性と成果のバランス

また，手続きアカウンタビリティと成果アカウンタビリティのバランスを取ることを提言したい。手続き適切性も重要ではあるが，手続き偏重のために成果が軽視されるようなことがあってはならない。そしてこの提言は，行政機関に対してだけでなく，メディアそして私たち市民自身に対しても発したい。手続きアカウンタビリティばかりを追及していないか，自問すべきである。

また，手続きアカウンタビリティと成果アカウンタビリティのバランスに関する提言を公共調達の分野に当てはめれば，以下の提言となる。すなわち，手続きアカウンタビリティから成果アカウンタビリティへと重点を若干移し，より効果的な成果物の調達を重視すべきである。具体的には，「是が非でも1者応札を解消して複数者応札」，「随意契約ではなく全て競争入札」といった方針を見直し，あるいはその運用の柔軟性を高め，成果品質の確保にも配慮すべきである。

3.4　公共調達政策への提言

「1者応札は一切不可」という主張に対して，研究者はかねてより懐疑的であった（広瀬，2008；楠，2017；西口，2012）。1者応札を生じさせる要因には，介入可能なものとそうでないものがある。なぜ1者応札になっているのか，メディアや政治家は第2章が示したような実態を直視すべきである。一般にいわれるほど事態は単純でない。そして楠（2017）が述べるように，対応可能な業者が極めて限定されるような特殊案件については，結果として1者応札になるような一般競争入札ではなく随意契約を適用すべきである。随意契約は，事前協議や価格交渉が可能である等，特殊案件に適した調達方式である。

4　アカウンタビリティ―正統性交換モデル：今後の研究発展に向けて

これまで本書は，行政機関が問題連鎖の落とし穴に嵌ってしまう理由として，行政機関が，直接的行動原理としてのアカウンタビリティに縛られ，アカウンタビリティを果たせるような，あるいは，アカウンタビリティへの追及を回避できるような行動を取るという点に着目してきた。またその深層に，根源的行動原理としての正統性が存在すると述べてきた。

アカウンタビリティと正統性の関係について一層の検討が必要であると，筆者は考える。本書を締めくくるにあたり，本節では，このテーマに関する展望を示すこととしたい。

無論，両者の関係については先行研究が論じてきたところである。すなわち，行政機関は，アカウンタビリティを果たすことを通じて正統性を確保する（Ashforth & Gibbs, 1990；Elsbach, 1994）。

視点を変えればこれは，「行政機関は，問責者との間で説明（account）と正統性を交換する」と表現することができる。一方，行政機関の外部にはさまざまな問責者が存在する（Bovens, 2006）。図 6.1 は，行政機関とその問責者等の間での「アカウンタビリティ－正統性交換関係」を図示したものである。

第 1 の問責者は，議会，政党，有権者およびメディアである（政治的アカウンタビリティ）。これらの問責者は，当事者による説明が適切であると判断した場合，正統性を付与する。第 2 の問責者は，司法である（法的アカウンタビリティ）。そして司法は，その法的判断に基づき正統性を付与する。実際には非常に限られた事案しか法廷に持ち込まれないにせよ，行政機関職員は，万が一そうなった場合に備え，常に法的アカウンタビリティを意識して行動する。このため行政機関の行為は法令および司法の判断（に関する想定）に制約される。第 3 に，行政機関の活動を監視する上位監査・検査機関である（行政的アカウンタビリティ）。これらの問責者は，当事者機関の行為が適切と判断したならば，認証発行等を通じて当事者に正統性を付与する。

図 6.1　アカウンタビリティ－正統性交換関係の統合モデル

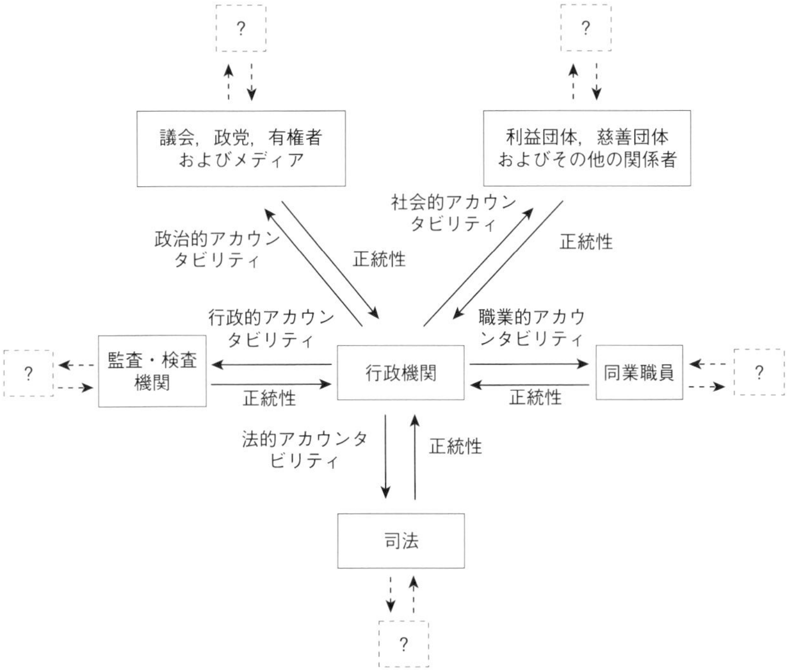

出所：Bovens（2006）を参考に，筆者作成（中西，2018）。

第 4 に，行政機関の同業職員（professional peers）である（職業的アカウンタビリティ）。そして最後に，一般市民である（社会的アカウンタビリティ）。行政は，利益団体や慈善団体その他団体を通じて，あるいは直接的にこのアカウンタビリティを果たし，正統性を付与されなければならない。

ところで，第 3 章 4.1 項や第 4 章において，外部者，管理部門，原課の間でのアカウンタビリティの連鎖について論じた。組織において外部からの矢面に立つ管理部門は，外部者からのアカウンタビリティ追及圧力を受けて，原課に対してアカウンタビリティを追及する。このような連鎖は，さらに外側へと広がると考えられる。すなわち，図 6.1 に示された問責者（外部評価者）もまた，それら問責者自身に対してアカウンタビリティを追及する問責者（以下，「メタ問責者」という）との間で，同様のアカウンタビリティ関係に拘束されるといってよいだろう。図 6.1 においては，メタ問責者を破線のボックスで図示してある。それらのメタ問責者との関係は破線矢印で示されているが，これらもまた，考えうるアカウンタビリティ－正統性交換関係を示している。例えば，野党は，メディア等のメタ問責者とアカウンタビリティ－正統性交換関係で結ばれていると考えられる。実際，第 3 章 4.1 項にて触れたように，野党等の問責者は，答責者へのアカウンタビリティ追及を怠ると，自らのメタ問責者に対するアカウンタビリティを果たすことができず，正統性を損なう恐れに直面する。司法は，最高裁判所裁判官国民審査（日本国憲法第 79 条）や弾劾手続き，下級裁判所裁判官指名諮問委員会といった制度を通じて，外部問責者から評価され正統性を付与される立場にある。国の会計監査機関は，制度的環境に適応すべく，その検査の重点を変化させる（Yamamoto & Kim, 2019）。非営利法人は，出資者等に対してアカウンタビリティを果たさなければならない（Laratta, 2011）。メディアも，ニュース情報源，自身のオーナー，顧客（特に広告主）等に対するアカウンタビリティを果たす責務を負う（McQuail, 2003）。もちろん，メタ問責者による追及への対応は組織種別によって異なるであろう。

このように，各問責者は，そのメタ問責者との間で，さまざまな形でアカウンタビリティと正統性を交換していると考えられる。もしこのような問責者－メタ問責者の関係が社会全体に広がっているなら，社会に存在する多くの組織やその成員が，アカウンタビリティや正統性に縛られた行動を取っていることになる(3)。もちろんそれ自体は悪いことではないが，第 4 章で観察したようなアカウンタビリティの自己目的化が社会で広く生じるようであれば，本書が観察したような諸問題が社会全体にはびこってしまうことになる。

しかしこのモデルはあくまで仮説にすぎない。行政機関を取り巻く問責者およびそのメタ問責者の行為メカニズムの検討については，今後の課題としたい。

（1） 本節では，各章の理論的貢献の概要を振り返るにとどめる。詳細については各章の小括を参照されたい。

（2） 第2章の脚注15参照。

（3） 各問責者組織内部も一枚岩ではない。例えば報道機関内部は記者とデスク（取材を統括する責任部署・責任者），経営幹部等，多様な行為者により形成され，それぞれ利害が異なる。そして，その利害構造は組織によって異なる。このため，正統性獲得やアカウンタビリティに関する組織内部メカニズムも各組織間で異なると考えられる。

おわりに

「はじめに」にて触れたとおり，本書の一連の研究に至ったきっかけは，実務家としての筆者の経験である。物事の本質的な目的やゴールを無視し，正統性を過剰に意識して見せかけのアカウンタビリティばかりを果たそうとする（あるいは追及する）「本末転倒」事案のなんと多いことか。

新型コロナウィルスの感染拡大が止まらない2021年4月には，東京都八王子市ほかの自治体において，当日キャンセルのため使用期限を過ぎてしまったワクチンを廃棄し，市民から批判の声が寄せられるという事案があった(1)。ネット上では，ワクチン廃棄という八王子市の対応を「杓子定規」といった言葉で批判する声もあった(2)。確かに，予約対象でない誰かにワクチンを接種したところで，誰も損しないはずである。一方で，予約のない者，特に外部者から見て市当局の身内ともいえる医療関係者への接種は，公平性の観点から強い批判が寄せられることが予想される。当事者はこのような批判を恐れたのではないか。すなわち，予約対象者外への接種という行為についての手続きアカウンタビリティを果たせず，組織の正統性を損なうことを恐れたのではないか。医療従事者やその関係者がワクチン廃棄に抵抗を感じなかったはずはない。断腸の思いであったに違いない。

結局，河野太郎行政・規制改革大臣（当時，以下同様）が，廃棄を避けるために予約していない他の対象者へのワクチン接種することを容認する考えを示し，これを受けて八王子市も，接種を受けていない医療従事者に接種することを決めた(3)。河野大臣の示した指針によって，市当局は，予約対象者外への接種という行為についてアカウンタビリティを果たすことが可能になり，正統性が担保され，安心してこれを行うことができるようになったのであろう。河野大臣はその後さらに，ワクチン接種予約が殺到した事態を受けて「効率性より住民の平等性を重んじる自治体が多かった。これは完全に僕の失敗だ」と述べ，陳謝した(4)。国としての指針がない中で各自治体は当初，河野大臣のいう「効率性」すなわち接種回数最大化という成果よりも，

「平等性」すなわち接種順序決定における公平性確保という手続きに関するアカウンタビリティを優先せざるを得なかったのである。

上記のワクチン廃棄のような例や，本書が公共調達分野において観察したような問題は，いたるところに見られる。このような日本の現状に対して郷原（2007）は，「『法令遵守（コンプライアンス）』が日本を滅ぼす」と警鐘を鳴らす。法令・規則・マニュアルを守ることばかり考えていると問題の本質を見失いかねない，重要なのは法令の文面ではなく，その本質的な社会的要請に関する認識だと指摘する。そうしてこそ，法令本来の目的を達することができるのである。アカウンタビリティも同様である。アカウンタビリティを果たすことだけを考えていると，アカウンタビリティ本来の目的を見失い，柔軟な行動が取れなくなってしまう。「『アカウンタビリティ』が日本を滅ぼす」ようなことがあってはならない。

現場に生きる方々は，本書が指摘した諸問題の存在を日々実感している。その意味において，本書の「発見事実」は，コロンブスによる新大陸「発見」と同じく，「前からそこにあった」といえるかもしれない。しかし，その問題が今なお手付かずであるのも事実である。また本書は，諸問題に対する具体的な処方箋を示したとはいえない。解決の一助になるとも，畏れ多くて口にはできない。しかし，読者が何かを考えるきっかけになり，カッコ付きの「改善」・「改革」ではない真の改善・改革へとつながる動きが芽生える一助となれば幸いである。

本書を締めくくるにあたり，お世話になった方々のお名前を挙げておきたい。

実務上の問題意識を学術研究に昇華させ，何とかこれに取り組めるようになったのは，大学院在籍中にご指導下さった先生方のおかげである。とりわけ，松尾睦先生（現・北海道大学）には，研究者として生きるためのさまざまな知恵を，当時も今も授けていただいている。後進への恩送りを通じて，ご恩に報いたいと思う。

一橋大学の島本実先生には，本書の原点ともいえる第4章のもととなった研究を『組織科学』に投稿した際にシニアエディターを務めていただいた。

島本先生の熱烈なサポートと励ましが，筆者をこの一連の研究へと誘って下さった。

上智大学の楠茂樹先生には，研究初期から，公共調達の理論と実践の両面から多くのご示唆をいただいた。また先生との対話を通じて，研究に向けたモチベーションを高めることができた。

執筆段階においては，長崎大学の高橋史早先生と札幌医科大学の小野寺美希子先生に原稿をお読みいただき，改善のためのサジェスチョンをいただいた。

面接調査では，各方面の方々にご協力いただいた。伺ったお話は，分析対象データとなったばかりでなく，考えを深めるための手がかりとして貴重なものであった。また，入札結果に関するデータ収集・整理，ならびに調達案件種別に対する特殊性・不明瞭性決定（第2章）に際し，関係者のご協力を仰いだ。匿名性保持のためご芳名を記せないのが残念である。

第5章の研究では，全国市民オンブズマン連絡会議が取りまとめ公表されている「全国市民オンブズマン落札率調査」データを利用させていただいた。厚く御礼申し上げる。

千倉書房の岩澤孝氏には，本書構想前から声をかけていただき，出版に向けてご尽力いただいた。岩澤氏のお力なくして本書の刊行は実現しなかった。

各章の研究の多くは，筆者の長崎大学経済学部勤務時代に行ったものである。さまざまなご支援を提供下さった同学部と当時の同僚諸氏に感謝したい。

本書の研究には，JSPS 科研費 JP19K01916 の助成を受けて行われたものが含まれている。また，本刊行物は，JSPS 科研費 JP22HP5122 および 2022 年度東洋大学井上円了記念研究助成（刊行の助成）の交付を受けたものである。

もちろん，ありうべき誤謬はすべて筆者の責めに帰するものである。また，本研究の成果は著者自らの見解等に基づくものであり，所属研究機関，資金配分機関および国の見解等を反映するものではない。

最後に，幼少時より恵まれた環境での学びの機会を提供してくれた両親，そして，いつも研究活動を支えてくれている妻，薫に感謝の言葉を述べたい。

中西善信

（1）「キャンセルワクチン，廃棄防げ：医療従事者に回す自治体も：新型コロナ」，『朝日新聞』，2021 年 4 月 19 日，朝刊，p.26。

（2） Yahoo ニュース（4／13（火）12：06 配信）「希望者来ず ... ワクチン廃棄：『別の人に回すの困難』：河野大臣：余ったら廃棄せず打って」（https://news.yahoo.co.jp/articles/b042cee6555478c74dcebb7ed0972142eff2b90b, accessed 2021.4.19）

（3）「余剰ワクチン医療者に　八王子市：河野行革相求め受け」，『読売新聞』，2021 年 4 月 14 日，東京朝刊，p.27。

（4）「河野氏『完全に僕の失敗』：ワクチン予約殺到で」，『日本経済新聞電子版』，2021 年 5 月 13 日（https://www.nikkei.com/article/DGXZQOUA12EU60S1A510C2000000/, accessed 2021.05.14）。

初出一覧

第1章：書下ろし。

第2章：中西善信（2020）「落札率と応札者数に影響する要因：1者応札批判の『前提』の統計的検証」『経営と経済』，*99*(1-4)，49-75. より一部改変。

第3章：中西善信（2021）「日本の行政におけるアカウンタビリティの実態：答責者の認知と行動」『経営論集』，*98*, 1-15. より一部改変。

第4章：中西善信（2017）「正統性獲得行動と説明責任：公共調達制度改革の意図せざる結果」『組織科学』，*51*(1)，70-83. より一部改変。

第5章：Nakanishi, Yoshinobu (2020). Transfer of event stigma: Reactions of Japanese regional governments to criticism on bid rigging. *Business Strategy and Development*. https://doi.org/10.1002/bsd2.143. より一部改変。

第6章：書下ろし。

参考文献

Arai, K. & Morimoto, E. (2017). Construction industry and competition policy in Japan. *International Journal of the Economics of Business, 24* (3), 345-363.

Arai, K. & Morimoto, E. (2020). Case study in Shikoku: Changes in the bidding behaviour of businesses. *International Journal of Construction Management*. https://doi.org/10.1080/15623599.2020.1857004

Asai, K., Kawai, K., & Nakabayashi, J. (2021). Regulatory capture in public procurement: Evidence from revolving door bureaucrats in Japan. *Journal of Economic Behavior and Organization, 186*, 328-343.

Ashenfelter, O., Ashmore, D., & Filer, R. (1997). Contract form and procurement costs: The impact of compulsory multiple contractor laws in construction. *RAND Journal of Economics, 28*, S5-S16.

Ashforth, B. E. & Gibbs, B. W. (1990). The double-edge of organizational legitimation. *Organization Science, 1* (2), 177-194.

Barnett, M. L. & King, A. A. (2008). Good fences make good neighbors: A longitudinal analysis of an industry self-regulatory institution. *Academy of Management Journal, 51* (6), 1150-1170.

Baum, J. A. C. & Oliver, C. (1991). Institutional linkages and organizational mortality. *Administrative Science Quarterly, 36* (2), 187-218.

Behn, R. D. (2001). *Rethinking democratic accountability*. Washington, D.C.: Brookings Institution Press.

Boiral, O. (2007). Corporate greening through ISO 14001: A rational myth? *Organization Science, 18* (1), 127-146.

Bovens, M. (2006). Analysing and assessing public accountability: A conceptual model. *European Governance Papers (EUROGOV)*, C-06-01 (16 January 2006). http://www.connex-network.org/eurogov/pdf/egp-connex-C-06-01.pdf, accessed 2017.05.07.

Bovens, M. (2007). Analysing and assessing accountability: A conceptual framework. *European Law Journal, 13* (4), 447-468.

Bovens, M., Schillemans, T., & Goodin, R. E. (2014). Public accountability. In M. Bovens, R. E. Goodin, & T. Schillemans (Eds.), *The Oxford handbook of public accountability* (pp. 1-20). Oxford, UK: Oxford University Press.

Bovens, M., Schillemans, T., & Hart, P. (2008). Does accountability work? An assessment tool. *Public Administration, 86* (1), 225-242.

Bundy, J. & Pfarrer, M. D. (2015). A burden of responsibility: The role of social approval at the onset of a crisis. *Academy of Management Review, 40* (3), 345-369.

Cao, D. G., An, B., Shi, P. C., & Wang, H. M. (2017). Providing virtual cloud for special purposes on demand in JointCloud computing environment. *Journal of Computer Science and Technology, 32* (2), 211-218.

Carberry, E. J. & King, B. G. (2012). Defensive practice adoption in the face of organizational stigma: Impression management and the diffusion of stock option expensing. *Journal of Management Studies, 49* (7), 1137-1167.

Castelló, I., Etter, M., & Nielsen, F. Å. (2016). Strategies of legitimacy through social media: The networked strategy. *Journal of Management Studies, 53* (3), 402-432.

Chan S. G. & Karim, M. Z. A. (2012). Public spending efficiency and political and economic factors: Evidence from selected East Asian countries. *Economic Annals, 57* (193), 7-23.

Chatterji, A. K. & Toffel, M. W. (2010). How firms respond to being rated. *Strategic Management Journal, 31* (9), 917-945.

Christensen, C. M. (1997). *The innovator's dilemma: When new technologies cause great firms to fail*. Boston, MA: Harvard Business School Press (玉田俊平太 (監修), 伊豆原弓 (訳)『イノベーションのジレンマ：技術革新が巨大企業を滅ぼすとき (増補改訂版)』翔泳社, 2001 年).

Clemens, E. S. & Cook, J. M. (1999). Politics and institutionalism: Explaining durability and change. *Annual Review of Sociology, 25*, 441-466.

Curristine, T. (2005). Performance information in the budget process: Results of the OECD 2005 questionnaire. *OECD Journal on Budgeting, 5* (2), 87-131.

Deephouse, D. L. & Suchman, M. (2008). Legitimacy in organizational institutionalism. In R. Greenwood, C. Oliver, R. Suddaby, & K. Sahlin-Andersson (Eds.), *The Sage handbook of organizational institutionalism* (pp. 49-77). London: Sage.

Desai, V. M. (2011). Mass media and massive failures: Determining organizational efforts to defend field legitimacy following crises. *Academy of Management Journal, 54* (2), 263-278.

Devers, C. E., Dewett, T., Mishina, Y., & Belsito, C. A. (2009). A general theory of organizational stigma. *Organization Science, 20* (1), 154-171.

DiMaggio, P. J. (1988). Interest and agency in institutional theory. In L. G. Zucker (Ed.), *Institutional patterns and organizations: Culture and environment* (pp. 1-21). Cambridge: Ballinger.

DiMaggio, P. J. & Powell, W. W. (1983). The iron cage revisited: Institutional isomorphism and collective rationality in organizational fields. *American Sociological Review, 48* (2), 147-160.

Dougherty, D. & Heller, T. (1994). The illegitimacy of successful product innovation in established firms. *Organization Science, 5* (2), 200-218.

Dubnick, M. (2005). Accountability and the promise of performance: In search of the mechanisms. *Public Performance and Management Review, 28* (3), 376-417.

Dubnick, M. (2014). Accountability as a cultural keyword. In M. Bovens, R. E. Goodin, & T. Schillemans (Eds.), *The Oxford handbook of public accountability* (pp. 23-38). Oxford, UK: Oxford University Press.

Durand, R. & Vergne, J. P. (2015). Asset divestment as a response to media attacks in stigmatized industries. *Strategic Management Journal, 36* (8), 1205-1223.

Elsbach, K. D. (1994). Managing organizational legitimacy in the California cattle industry: The construction and effectiveness of verbal accounts. *Administrative Science Quarterly, 39* (1), 57-88.

Elsbach, K. D. & Sutton, R. I. (1992). Acquiring organizational legitimacy through illegitimate actions: A marriage of institutional and impression management theories. *Academy of Management Journal, 35* (4), 699-738.

Estache, A. & Iimi, A. (2012). Quality or price? Evidence from ODA-financed public procurement. *Public Finance Review, 40* (4), 435-469.

Flanagan, J. C. (1954). The critical incident technique. *Psychological Bulletin, 51* (4), 327-358.

Glaser, B. G. & Strauss, A. L. (1967). *The discovery of grounded theory: Strategies for qualitative research*. Chicago, IL: Aldine.

Goffman, E. (1963). *Stigma: Notes on the management of spoiled identity*. Englewood Cliffs, NJ: Prentice-Hall (石黒毅（訳）『スティグマの社会学：烙印を押されたアイデンティティ（改訂版）』せりか書房，2001 年).

Goldberg, V. P. (1977). Competitive bidding and the production of precontract information. *Bell Journal of Economics, 8* (1), 250-261.

Greenwood, R., Oliver, C., Lawrence, T. B., & Meyer, R. E. (2017). Introduction: Into the fourth decade. In R. Greenwood, C. Oliver, T. B. Lawrence, & R. E. Meyer (Eds.), *The Sage handbook of organizational institutionalism* (2nd ed.) (pp. 1-23). Thousand Oaks, CA: Sage.

Greenwood, R., Oliver, C., Suddaby, R., & Sahlin-Andersson, K. (2008). Introduction. In R. Greenwood, C. Oliver, R. Suddaby, & K. Sahlin-Andersson (Eds.), *The Sage handbook of organizational institutionalism* (pp. 1-46). London: Sage.

Guler, I., Guillén, M. F., & Macpherson, J. M. (2002). Global competition, institutions, and the diffusion of organizational practices: The international spread of ISO 9000 quality certificates. *Administrative Science Quarterly, 47* (2), 207-232.

Halachmi, A. (2002). Performance measurement, accountability, and improved performance. *Public Performance & Management Review, 25* (4), 370-374.

Hamilton, E. A. (2006). An exploration of the relationship between loss of legitimacy and the sudden death of organizations. *Group & Organization Management, 31* (3), 327-358.

Helms, W. S., Patterson, K. D. W., & Hudson, B. A. (2019). Let's not "taint" stigma research with legitimacy, please. *Journal of Management Inquiry, 28* (1), 5-10.

Hudson, B. A. (2008). Against all odds: A consideration of core-stigmatized organizations. *Academy of Management Review, 33* (1), 252-266.

Hudson, B. A. & Okhuysen, G. A. (2009). Not with a ten-foot pole: Core stigma, stigma transfer, and improbable persistence of men's bathhouses. *Organization Science, 20* (1), 134-153.

Hudson, B. A. & Okhuysen, G. A. (2014). Taboo topics: Structural barriers to the study of organizational stigma. *Journal of Management Inquiry, 23* (3), 242-253.

Iimi, A. (2006). Auction reforms for effective official development assistance. *Review of Industrial Organization, 28* (2), 109-128.

Ishii, R. (2009). Favor exchange in collusion: Empirical study of repeated procurement auctions in Japan. *International Journal of Industrial Organization, 27* (2), 137-144.

Jonsson, S., Greve, H. R., & Fujiwara-Greve, T. (2009). Undeserved loss: The spread of legitimacy loss to innocent organizations in response to reported corporate deviance. *Administrative Science Quarterly, 54* (2), 195-228.

Jos, P. H. & Tompkins, M. E. (2004). The accountability paradox in an age of reinvention. *Administration and Society, 36* (3), 255-281.

Kusunoki, S. (2007). Japan's government procurement regimes for public works: A comparative introduction. *Brooklyn Journal of International Law, 32* (2), 523-552.

Laratta, R. (2011). Ethical climate and accountability in nonprofit organizations: A comparative study between Japan and the UK. *Public Management Review, 13* (1), 43-63.

Leblebici, H., Salancik, G. R., Copay, A., & King, T. (1991). Institutional change and the transformation of interorganizational fields: An organizational history of the U.S. radio broadcasting industry. *Administrative Science Quarterly, 36* (3), 333-363.

McDonnell, M. H. & King, B. (2013). Keeping up appearances: Reputational threat and impression management after social movement boycotts. *Administrative Science Quarterly, 58* (3), 387-419.

McQuail, D. (2003). *Media accountability and freedom of publication*. Oxford, NY: Oxford University Press (渡辺武達（訳）『メディア・アカウンタビリティと公表行為の

自由』論創社，2009 年）.

Merton, R. K. (1936). The unanticipated consequences of purposive social action. *American Sociological Review, 1* (6), 894-904.

Messner, M. (2009). The limits of accountability. *Accounting, Organizations and Society, 34* (8), 918-938.

Meyer, J. W. & Rowan, B. (1977). Institutionalized organizations: Formal structure as myth and ceremony. *American Journal of Sociology, 83* (2), 340-363.

Mulgan, R. (2000). 'Accountability': An ever-expanding concept? *Public Administration, 78* (3), 555-573.

Norman, R. & Gregory, R. (2003). Paradoxes and pendulum swings: Performance management in New Zealand's public sector. *Australian Journal of Public Administration, 62* (4), 35-49.

Oliver, C. (1991). Strategic responses to institutional processes. *Academy of Management Review, 16* (1), 145-179.

Padhi, S. S. & Mohapatra, P. K. J. (2011). Detection of collusion in government procurement auctions. *Journal of Purchasing and Supply Management, 17* (4), 207-221.

Page, S. (2004). Measuring accountability for results in interagency collaboratives. *Public Administration Review, 64* (5), 591-606.

Patriotta, G., Gond, J. P., & Schultz, F. (2011). Maintaining legitimacy: Controversies, orders of worth, and public justifications. *Journal of Management Studies, 48* (8), 1804-1836.

Pfeffer, J. & Salancik, G. R. (1978). *The external control of organizations: A resource dependence perspective*. New York, NY: Harper & Row.

Phillips, N., Lawrence, T. B., & Hardy, C. (2004). Discourse and institutions. *Academy of Management Review, 29* (4), 635-652.

Pollitt, C. & Hupe, P. (2011). Talking about government: The role of magic concepts. *Public Management Review, 13* (5), 641-658.

Radin, B. A. (2011). Does performance measurement actually improve accountability? In M. J. Dubnick & H. G. Frederickson (Eds.), *Accountable governance* (pp. 98-110). New York, NY: Routledge.

Rainey, H. G., Backoff, R. W., & Levine, C. H. (1976). Comparing public and private organizations. *Public Administration Review, 36* (2), 233-244.

Reichersdorfer, J., Christensen, T., & Vrangbaek, K. (2013). Accountability of immigration administration: Comparing crises in Norway, Denmark and Germany. *International Review of Administrative Sciences, 79* (2), 271-291.

Rindova, V. P., Pollock, T. G., & Hayward, M. L. A. (2006). Celebrity firms: The social

construction of market popularity. *Academy of Management Review, 31* (1), 50-71.
Romzek, B. S. (1998). Where the buck stops: Accountability in reformed organizations. In P. W. Ingraham, J. R. Thompson, & R. P. Sanders (Eds.), *Transforming government: Lessons from the reinvention laboratories* (pp. 193-219). San Francisco, CA: Jossey-Bass.
Romzek, B. S. (2000). Dynamics of public sector accountability in an era of reform. *International Review of Administrative Sciences, 66* (1), 21-44.
Romzek, B. S. (2014). Living accountability: Hot rhetoric, cool theory, and uneven practice. *PS: Political Science and Politics, 48* (1), 27-34.
Romzek, B. S. & Dubnick, M. J. (1987). Accountability in the public sector: Lessons from the Challenger tragedy. *Public Administration Review, 47* (3), 227-238.
Scherer, A. G., Palazzo, G., & Seidl, D. (2013). Managing legitimacy in complex and heterogeneous environments: Sustainable development in a globalized world. *Journal of Management Studies, 50* (2), 259-284.
Scott, W. R. (1995). *Institutions and organizations.* Thousand Oaks, CA: Sage.
Scott, W. R. (2014). *Institutions and organizations: Ideas, interests, and identities* (4th ed.). Thousand Oaks, CA: Sage.
Sherer, P. D. & Lee, K. (2002). Institutional change in large law firms: A resource dependency and institutional perspective. *Academy of Management Journal, 45* (1), 102-119.
Sorte, W. F. Jr. (2016). Nurturing domestic firms through public procurement: A comparison between Brazil and Japan. *Public Policy and Administration, 31* (1), 29-50.
Suchman, M. C. (1995). Managing legitimacy: Strategic and institutional approaches. *Academy of Management Review, 20* (3), 571-610.
Suddaby, R., Bitektine, A., & Haack, P. (2017). Legitimacy. *Academy of Management Annals, 11* (1), 451-478.
Sutton, R. I. & Callahan, A. L. (1987). The stigma of bankruptcy: Spoiled organizational image and its management. *Academy of Management Journal, 30* (3), 405-436.
Tanaka, S. & Hayashi, S. (2016). Collusion between public procurers and suppliers in the context of Japan's public procurement: The role of the risks of "unsuccessful procurement". *Journal of Public Procurement, 16* (3), 291-311.
The World Bank (2020). *Procurement regulations for IPF borrowers.* Washington, D.C.: The World Bank.
Tolbert, P. S. (1985). Institutional environments and resource dependence: Sources of administrative structure in institutions of higher education. *Administrative Science*

Quarterly, 30 (1), 1-13.

Tolbert, P. S. & Zucker, L. G. (1983). Institutional sources of change in the formal structure of organizations: The diffusion of civil service reform, 1880-1935. *Administrative Science Quarterly, 28* (1), 22-39.

Tost, L. P. (2011). An integrative model of legitimacy judgments. *Academy of Management Review, 36* (4), 686-710.

Van Thiel, S. & Leeuw, F. L. (2002). The performance paradox in the public sector. *Public Performance and Management Review, 25* (3), 267-281.

Vergne, J. P. (2012). Stigmatized categories and public disapproval of organizations: A mixed-methods study of the global arms industry, 1996–2007. *Academy of Management Journal, 55* (5), 1027-1052.

Waara, F. (2008). Mitigating contractual hazards in public procurement: A study of Swedish local authorities. *Construction Management and Economics, 26* (2), 137-145.

Washington, M. & Zajac, E. J. (2005). Status evolution and competicion: Theory and evidence. *Academy of Management Journal, 48* (2), 282-296.

Welch, E. W. & Wong, W. (2001). Effects of global pressures on public bureaucracy: Modeling a new theoretical framework. *Administration & Society, 33* (4), 371-402.

Willems, T. & Van Dooren, W. (2011). Lost in diffusion? How collaborative arrangements lead to an accountability paradox. *International Review of Administrative Sciences, 77* (3), 505-530.

Yamamoto, K. & Kim, M. J. (2019). Stakeholders' approach on government auditing in the supreme audit institutions of Japan and Korea. *Financial Accountability & Management, 35* (3), 217-232.

Yao, Y. & Tanaka, M. (2020). Price-quality trade-off in procurement auctions with an uncertain quality threshold. *Journal of Economic Behavior & Organization, 177*, 56-70.

Yazaki, Y. (2017). Newspapers and political accountability: Evidence from Japan. *Public Choice, 172*, 311-331.

Yu, T., Sengul, M., & Lester, R. H. (2008). Misery loves company: The spread of negative impacts resulting from an organizational crisis. *Academy of Management Review, 33* (2), 452-472.

Zimmerman, M. A. & Zeitz, G. J. (2002). Beyond survival: Achieving new venture growth by building legitimacy. *Academy of Management Review, 27* (3), 414-431.

Zott, C. & Huy, Q. N. (2007). How entrepreneurs use symbolic management to acquire resources. *Administrative Science Quarterly, 52* (1), 70-105.

Zuckerman, E. W. (1999). The categorical imperative: Securities analysts and the illegitimacy discount. *American Journal of Sociology, 104* (5), 1398-1438.

有川博（2016）.「公共契約の競争性確保と一者入札問題」『会計検査資料』*612*, 57-61.
井上禎男（2017）.「行政と説明責任」『琉大法學』*96*, 85-111.
上山信一（2004）.「ニュー・パブリック・マネジメント（NPM）とわが国の行政改革：行政学のバージョンアップに向けて」『年報行政研究』*39*, 70-86.
大橋弘（2012）.「公共調達の競争性：3 つの通説と今後の課題」『公正取引』*742*, 67-72.
大橋弘（2015）.「1 者応札は無効か」『日刊建設工業新聞』2015 年 1 月 7 日.
興津征雄（2014）.「グローバル行政法とアカウンタビリティ：国家なき行政法ははたして，またいかにして可能か」『社會科學研究』*65*（2）, 57-88.
会計検査院（2004）.『平成 15 年度決算検査報告』.
会計検査院（2008）.『平成 19 年度決算検査報告』.
会計検査院（2009）.『平成 20 年度決算検査報告』.
会計検査院（2021）.『会計検査院法第 30 条の 3 の規定に基づく報告書：政府情報システムに関する会計検査の結果について』.
粕谷祐子・高橋百合子（2015）.「アカウンタビリティ研究の現状と課題」高橋百合子（編）『アカウンタビリティ改革の政治学』（pp. 17-54）. 有斐閣.
金本良嗣（1993）.「公共調達制度のデザイン」『会計検査研究』*7*, 35-52.
金本良嗣・城所幸弘（1999）.「公共工事の発注システム」金本良嗣（編）『日本の建設産業：知られざる巨大業界の謎を解く』（pp. 69-134）. 日本経済新聞社.
木下誠也（2012a）.『公共調達研究：健全な競争環境の創造に向けて：なぜ，世界に例をみない制度になったか』日刊建設工業新聞社.
木下誠也（2012b）.「公共事業における建設コンサルタント業務の調達方式に関する国際比較研究」『土木学会論文集 F4（建設マネジメント）』*68*（4）, I_169 - I_179.
木下誠也（2017）.『公共調達解体新書：建設再生に向けた調達制度再構築の道筋』経済調査会.
木下康仁（2003）.『グラウンデッド・セオリー・アプローチの実践：質的研究への誘い』弘文堂.
行政改革推進会議（2015）.『平成 26 年度調達改善の取組に関する点検結果』.
行政改革推進会議（2020）.『令和元年度調達改善の取組に関する点検結果』.
楠茂樹（2012）.「公共調達の発注者とコンプライアンス」『上智法学論集』*56*（1）, 33-64.
楠茂樹（2017）.『公共調達と競争政策の法的構造（第 2 版）』上智大学出版.
公共調達の適正化に関する関係省庁連絡会議（2006a）.『公共調達の適正化に向けた取り組みについて』.
公共調達の適正化に関する関係省庁連絡会議（2006b）.『公益法人等との随意契約の適正化について』.
公共調達の適正化に関する関係省庁連絡会議（2007）.『随意契約の適正化の一層の推進について』.

公正取引委員会（2022).『官公庁における情報システム調達に関する実態調査報告書』.
公正取引委員会事務総局（2008).『公共調達における改革の取組・推進に関する検討会報告書』.
郷原信郎（2007).『「法令遵守」が日本を滅ぼす』新潮社.
国土交通省（2007).『随意契約見直し計画（平成19年1月改訂)』.
佐藤郁哉・山田真茂留（2004).『制度と文化：組織を動かす見えない力』日本経済新聞社.
佐藤秀典（2010).「正当性獲得行動のジレンマ：損害保険業における近視眼的問題対応」『組織科学』*44*(1), 74-84.
鈴木満（2004).『入札談合の研究：その実態と防止策（第2版)』信山社.
総務省（2016).『地方財政白書 平成28年度版』.
総務省行政評価局（2008).『契約の適正な執行に関する行政評価・監視 結果報告書』.
高橋洋一（2014).『官愚の国：日本を不幸にする「霞が関」の正体』祥伝社.
手塚洋輔（2010).『戦後行政の構造とディレンマ：予防接種行政の変遷』藤原書店.
中西善信（2018).「説明責任―正統性交換関係の統合モデル：先行研究レビューと今後の研究課題」『経営行動科学学会第21回大会発表論文集』.
西尾勝（2001).『行政学（新版)』有斐閣.
西口敏宏（2012).『わが国の防衛調達における競争入札拡充問題を検討するための調達経済モデルの研究（財団法人防衛調達基盤整備協会 調査研究)』. https://ssl.bsk-z.or.jp/kakusyu/pdf/24-4tyousa.pdf, accessed 2021.06.28.
日本建設業連合会（2016).『建設業ハンドブック2016』日本建設業連合会.
沼上幹（2000).「われらが内なる実証主義バイアス」『組織科学』*33*(4), 32-44.
広瀬宗一（2008).『国家戦略としての公共調達論』日刊建設工業新聞社.
廣中克彦（1997).『お役人さま！　都庁出入り業者の30年間の悪夢』講談社.
森田康夫・佐渡周子（2014).『海外における公共調達：アメリカ，イギリス，フランス，ドイツでの建設事業調達』国土交通省　国土技術政策総合研究所.
山口道昭（1998).「オンブズマン」森田朗（編著)『アカウンタビリティと自治体職員：分権時代の自治体職員』(pp. 97-136). ぎょうせい.
山本清（2013).『アカウンタビリティを考える：どうして「説明責任」になったのか』NTT出版.
山谷清志（2006).『政策評価の実践とその課題：アカウンタビリティのジレンマ』萌書房.
山谷清志（2020).「アカウンタビリティと評価：ふたたび『状況と反省』」『会計検査研究』*62*, 5-10.
湯浅孝康（2014).「政策評価と管理評価：アカウンタビリティの視点から」『同志社政策科学研究』*16*(1), 139-152.
渡邊法美（2006).「リスクマネジメントの視点から見たわが国の公共工事入札・契約方式の特性分析と改革に関する一考察」『土木学会論文集』*62*(4), 684-703.

事項索引

ⓢ

タ

ナ

ハ

著者略歴

中西善信（なかにし・よしのぶ）

東洋大学経営学部准教授，修士（学術），博士（経営学）

1969 年生まれ。京都大学理学部卒業，放送大学大学院文化科学研究科修士課程修了，神戸大学大学院経営学研究科博士後期課程修了。

全日本空輸株式会社，長崎大学経済学部准教授等を経て，2021 年より現職。

専門は経営組織論。主著に『知識移転のダイナミズム』（白桃書房）など。

公共調達の組織論

正統性とアカウンタビリティの罠

2022年7月31日 初版第1刷発行

著 者　中西善信

発行者　千倉成示

発行所　株式会社 千倉書房

〒104-0031 東京都中央区京橋3丁目7番1号

電話 03-3528-6901(代表)

https://www.chikura.co.jp/

印刷・製本　藤原印刷株式会社

ISBN 978-4-8051-1265-6 C 3034

乱丁・落丁本はお取り替えいたします